Iniciación a la informática y competencias digitales básicas para el empleo

Iniciación a la informática y competencias digitales básicas para el empleo

Enrique García Prado
Óscar Sánchez Estella

Paraninfo | ESPECIALIDADES FORMATIVAS

Paraninfo

© Autores: Enrique García Prado (módulos 1 y 2)
     Óscar Sánchez Estella (módulo 3)

© Ediciones Paraninfo, SA, 2026
 1.ª edición, 2026

C/ Sierra de Guadarrama 35. Naves 2, 3, 4 y 5
Pol. Ind. San Fernando II,
28830 San Fernando de Henares
Teléfono: 914 463 350
clientes@paraninfo.es / www.paraninfo.es

Producción: Nacho Cabal Ramos
Diseño y maquetación: Eva Zuazua

ISBN: 978-84-283-7263-3
Depósito legal: M-2949-2026
(32.899)

Impreso en España
Liberdigital (Casarrubuelos, Madrid)

La editorial recomienda que el alumnado realice las actividades sobre el cuaderno y no sobre el libro.

El presente libro desarrolla la Especialidad Formativa de **Iniciación a la informática y competencias digitales básicas para el empleo.** Con código: **FCOI14.**

El objetivo general es obtener y procesar información en un ordenador, utilizando las funciones básicas de las aplicaciones informáticas de oficina, así como adquirir habilidades tecnológicas digitales que promuevan, faciliten y mejoren la empleabilidad y el desarrollo de negocios, en particular promovidos por mujeres conciliando su vida familiar y profesional, de acuerdo con el Marco de Competencias Digitales para la Ciudadanía de la Unión Europea.

El libro se desarrolla en los tres módulos formativos que integran el programa formativo:

Módulo 1: Competencias digitales básicas para la búsqueda de empleo por cuenta ajena.

Módulo 2: Competencias digitales básicas para el empleo por cuenta propia.

Módulo 3: Iniciación a la informática.

El cómputo total de horas formativas es de 40 horas.

Las unidades del libro se acompañan de multitud de **recursos didácticos** que ayudarán a la mejor comprensión de la materia de estudio:

- Lenguaje claro y sencillo que favorece la comprensión.
- Explicaciones exhaustivas y rigurosas, pero también amenas y asequibles.
- Gran cantidad de fotografías, tablas y capturas explicativas.
- Actividades finales de comprobación tipo test y actividades de aplicación en cada módulo.

Este libro cuenta con el **solucionario** de todas las actividades incluidas en el libro al que puede accederse previo registro, desde la ficha web de este libro en **www.paraninfo.es.**

Solucionario disponible en

www.paraninfo.es

Contenido

2. Búsqueda y selección de empresas y organismos para enviar el currículum en entornos digitales 21

Contenido

Módulo 2. Competencias digitales básicas para el empleo por cuenta propia 51

1. Adquisición de bienes, productos y servicios a través de webs y plataformas de comercio electrónico 53

Contenido

Contenido

Módulo 1

Competencias digitales básicas para la búsqueda de empleo por cuenta ajena

Objetivo

Adquirir habilidades digitales que faciliten y mejoren la búsqueda de empleo, así como la elaboración y envío del *curriculum vitae*.

Duración

13 horas.

Creación y edición de un *curriculum vitae* en formato digital para la búsqueda de empleo

El *curriculum vitae* (CV) es una herramienta clave para resaltar tu experiencia, habilidades y resultados contra los empleadores. Sin embargo, el formato que elijas puede influir significativamente en los resultados que se pueden obtener. Así que analizaremos los formatos principales de los CV existentes, con sus ventajas y desventajas, para ayudarte a decidir cuál es el que mejor se adapta a tus necesidades.

Contenido

1.1. Selección y definición del formato de *curriculum vitae* a completar

1.1.1. Formato cronológico

El formato cronológico es el más famoso, enfatiza la experiencia laboral con el orden inverso, es decir, desde el último hasta el más antiguo.

Características:

- Se organiza una prioridad clara y lineal para la experiencia laboral.
- La sección inicial generalmente incluye información profesional personal y de contacto, seguida de los últimos trabajos y capacitación académica.

Ventajas:

- Ideal para aquellos que tienen experiencia laboral sólida y sin interrupción en su vida laboral.
- Permite ver claramente el progreso y el desarrollo profesional.

Desventajas:

- No se recomienda si tienes largos periodos de inactividad laboral o cambios de sector profesional frecuentes, ya que estos pueden ser evidentes.

¿Para quién es apropiado?

Este formato es ideal para profesionales con una carrera establecida que desean resaltar su experiencia laboral en un determinado sector.

1.1.2. Formato funcional o temático

Este tipo de currículum se centra en habilidades, en lugar de en el orden cronológico de los trabajos.

Características:

- Las habilidades se agrupan por sectores o áreas de competencia.
- La experiencia laboral y la capacitación ocupan un lugar secundario.

Ventajas:

- Excelente para aquellos que intentan cambiar su carrera o tienen poca experiencia laboral relevante.
- Le permite resaltar las habilidades portátiles, independientemente de la trayectoria anterior.

Desventajas:

- Algunos reclutadores pueden entender este formato como una forma de ocultar experiencias de trabajo.

- No es el ideal si es necesario enfatizar una experiencia profesional particular.

¿Para quién es apropiado?

Es perfecto para graduados recientes, personas con una variedad de experiencias profesionales o que desean derivar su carrera profesional hacia un nuevo sector.

1.1.3. Formato mixto o combinado

El formato mixto combina los elementos del CV cronológico y funcional. Subraya las principales habilidades, pero también incluye una sección con experiencia laboral en orden cronológico inverso.

Características:

- Ofrece un equilibrio entre habilidades y experiencia profesional.

- Por lo general, comienza con un perfil profesional acompañado de habilidades confiables y, posteriormente, trayectorias de trabajo.

Ventajas:

- Flexible y completo, le permite resaltar y compartir resultados de trabajo recientes.

- Funciona bien para casi cualquier tipo de candidato.

Desventajas:

- Puede ser más extenso y complejo de lo habitual.

- Si no está correctamente organizado, podría resultar difícil de resumir para un reclutador.

¿Para quién es apropiado?

Ideal para profesionales con experiencia relevante en el sector, pero que también desean resaltar habilidades específicas o resultados extraordinarios.

1.1.4. Formato creativo

El currículum creativo emplea elementos visuales como gráficos, colores y diseño innovador para resaltar datos, común en sectores creativos como diseño, *marketing* o publicidad.

Características:

- Puede incluir infografías, plazos de tiempo y formatos menos tradicionales.
- La creatividad y el diseño juegan un papel importante.

Ventajas:

- Atrae la atención rápidamente y refleja habilidades creativas.
- Le permite destacar en las industrias donde el diseño visual es crucial.

Desventajas:

- No es adecuado para sectores tradicionales, como la administración o la contabilidad.
- Puede ser rechazado por sistemas de selección automática que requieren formatos estándar.

¿Para quién es apropiado?

Es perfecto para profesionales de industrias creativas o tecnológicas que desean mostrar su talento a través del diseño de CV en sí.

1.1.5. Formato europeo (Europass)

Europass es un formato estandarizado reconocido en el ámbito europeo, diseñado para facilitar la comparación del perfil en diferentes países.

Características:

- Tiene una estructura uniforme y predeterminada, que incluye secciones como experiencia laboral, capacitación y habilidades lingüísticas.
- Se puede llenar en línea en la plataforma oficial de Europass.

Ventajas:

- Ideal para aquellos que buscan oportunidades laborales internacionales en Europa.
- Uniformidad que permite a los reclutadores evaluar fácilmente a los candidatos.

Desventajas:

- Menos adaptable y más rígido en su diseño.
- Es posible que no sea suficiente para resaltar los puntos clave en comparación con el CV tradicional, que resulta más dinámico.

¿Para quién es apropiado?

Es ideal para candidatos que desean trabajar en países u organizaciones europeas que requieren este formato.

Consejos para seleccionar el formato correcto

1. Analiza su perfil profesional: considera tu trayectoria comercial, experiencia y sector para los que solicitas empleo.

2. Explora las expectativas del sector: sectores tradicionales suelen preferir formatos clásicos como son los cronológicos, mientras que en otros ámbitos se aceptan opciones innovadoras.

3. Elegir el formato del CV correcto es esencial para crear una buena impresión y aumentar las posibilidades de ser elegido. Ya sea que decidas elegir un formato cronológico para resaltar tu experiencia, funcional para resaltar las habilidades o una opción creativa en los sectores innovadores, recuerda que la claridad, la profesionalidad y la relevancia son cruciales.

1.2. Europass

Europass te ayudará a redactar, paso a paso, una buena carta de presentación con toda la información esencial. Puedes crear, almacenar y compartir tus cartas de presentación en 31 idiomas, elegir entre diferentes plantillas para personalizar tus candidaturas y compartirlas fácilmente desde tu Biblioteca Europass.

Cómo escribir una buena carta de presentación

La carta de presentación debe resaltar tu motivación para presentarte a un determinado puesto de trabajo u oportunidad, dejando bien claro por qué consideras que tu candidatura es la mejor. La carta de presentación debe hacer referencia a aspectos concretos de tu CV y explicar por qué son pertinentes para la vacante a la que te presentas.

- Lee con atención el anuncio de vacante:

  Lee con atención el anuncio de vacante y destaca en la carta de presentación tus capacidades más adecuadas para los requisitos del puesto.

- Utiliza palabras clave:

  Enumera tus aptitudes interpersonales utilizando las palabras clave que puedan aparecer en el anuncio de vacante (puntualidad, organización, trabajo en equipo, etc.).

- Sé breve:

  Redacta párrafos breves y concisos que se refieran claramente a aspectos distintos.

- Infórmate bien sobre la empresa:

  Dedica tiempo a informarte sobre la empresa para obtener datos valiosos sobre su cultura corporativa y haz referencia en tu carta de presentación a uno o dos aspectos clave.

- No te extiendas mucho:
  - Tu carta de presentación no debe ir más allá de una página.
  - Primer párrafo: motivación de tu candidatura.
  - Párrafo segundo: por qué tu candidatura es la idónea para el puesto.
  - Párrafo tercero: por qué la empresa se adecúa a lo que estás buscando.
- Emplea un estilo formal:

Emplea un estilo educado y formal y comprueba que no haya faltas de ortografía.

- Utiliza un tipo de letra sencillo.
- Utiliza un estilo de fuente sencillo y sobrio, de tamaño normal (11-12) y con un espaciado de línea óptimo (1 o 1,5).

Figura 1.1. Europass es el formato de CV más empleado en la Unión Europea.

Cómo redactar un buen CV Europass

Uno de los formatos de currículum más reconocido en Europa es el *curriculum vitae* Europass. A las empresas y las instituciones educativas les resulta familiar y lo encuentran fácil de usar.

Para empezar, tendrás que crear tu perfil Europass, incluyendo datos sobre tu educación, formación, experiencia laboral y capacidades. Cuando hayas rellenado el perfil Europass, podrás obtener todos los currículums que necesites con solo unos clics. Selecciona la información que quieres incluir, elige el modelo que prefieres y Europass hará el resto.

Puedes crear, almacenar y compartir tu currículum en 31 idiomas. Tras descargar tu CV Europass, consérvalo en tu Biblioteca Europass y compártelo con empresas, EURES y otros portales de empleo.

Nunca olvides que el currículum es la primera oportunidad de comunicar tus capacidades y experiencias a tu posible futura empresa. Es una instantánea de ti, tus capacidades, formación, experiencias profesionales y otros logros.

- Expón tu experiencia con claridad:

  Destaca tus capacidades y experiencias más adecuadas para el puesto de trabajo al que te presentas. Presta especial atención a todos los detalles del anuncio de la vacante.

■ Adapta tu currículum:

Actualiza la sección «Así soy yo» para destacar por qué eres la persona idónea para el puesto de trabajo. No expongas un historial completo y pormenorizado. Céntrate en los hechos y aspectos principales que se ajustan al puesto de trabajo que te interesa.

■ Que se lea fácilmente:

Haz un esfuerzo para que tu currículum se lea con facilidad. Utiliza un lenguaje claro y sencillo. Emplea verbos expresivos (por ejemplo, «gestionar», «desarrollar», «incrementar»).

■ En orden cronológico inverso:

Menciona siempre primero la experiencia más reciente, seguida de las anteriores. Si hay periodos prolongados en los que no has trabajado ni estudiado, da una explicación.

■ Repaso y últimos detalles:

Comprueba que no haya errores gramaticales ni faltas de ortografía, incluye una dirección de correo electrónico profesional y una fotografía tuya de uso profesional.

1.3. Filtros ATS y los *curriculum vitae*

En el momento presente, el mercado laboral ha evolucionado claramente con la incorporación de herramientas tecnológicas en el desarrollo de los procesos de selección de personal. Una de las tecnologías más habituales que emplean las empresas es el **Applicant Tracking System (ATS)**, también conocido como sistema de seguimiento de candidatos. Este *software* automatizado ha modificado el modo en que se gestionan y evalúan los *curriculums vitae* (CV), fundamentalmente en grandes empresas que reciben cientos o miles de solicitudes para cada vacante que se ofrece.

Para los aspirantes, esto supone un desafío añadido: no solo han de redactar un currículum claro, conciso y atractivo para los reclutadores, sino que adicionalmente han de adaptarlo para que supere con éxito los filtros ATS. A continuación, se expondrá qué son los filtros ATS, de qué manera funcionan y qué cabe hacer para optimizar tu currículum e incrementar las posibilidades de ser seleccionado.

1.3.1. ¿Qué son los filtros ATS?

Un Applicant Tracking System (ATS) es un *software* que las organizaciones emplean para gestionar el proceso tanto de reclutamiento como de selección de personal. Estos sistemas permiten automatizar actividades tales como la recepción, organización y evaluación inicial de los currículums recibidos, permitiendo a los reclutadores focalizarse en los perfiles más ajustados a lo que se busca.

Funciones clave de los filtros ATS:

- Revisión de forma automática de currículums : filtran los currículum en función de palabras clave específicas y datos relevantes.

- Organización de candidatos: clasifican y almacenan la información para facilitar el acceso a los datos de los postulantes.

- Eliminación de candidatos no aptos: rechazan automáticamente aquellos currículums que no cumplen con la serie de requisitos determinados por el empleador.

El objetivo de los ATS es reducir el tiempo y esfuerzo dedicado por los reclutadores, fundamentalmente cuando la oferta laboral recibe un elevado número de solicitudes.

1.3.2. ¿De qué forma funcionan los filtros ATS?

El funcionamiento de los ATS se apoya en la identificación y análisis de determinados elementos en un currículum. Para comprender la manera de optimizar el currículum, es básico conocer qué buscan los filtros ATS y de qué modo maneja la información.

Elementos fundamentales que son analizados por los ATS:

1. **Palabras clave:**

   Los ATS han sido diseñados para identificar palabras clave vinculadas con las habilidades, experiencias o requisitos expresados en la oferta de trabajo.

   Por ejemplo, si la empresa busca un «administrativo con experiencia en Excel», el ATS buscará estas palabras clave concretas en el CV.

2. **Formato del CV:**

   Los sistemas ATS padecen dificultades para procesar determinados formatos complejos, tales como diseños gráficos complejos, imágenes o columnas.

   Los CV en formatos sencillos, como texto lineal en formato PDF o Word, son más sencillos de analizar para los sistemas ATS.

3. **Estructura de la información:**

   Los ATS buscan hallar información clave en secciones estándar, como experiencia profesional, educación y habilidades.

   Si el currículum emplea secciones poco convencionales o se encuentran desordenadas, el ATS podría no interpretar adecuadamente la información.

4. **Compatibilidad con el *software*:**

   Ciertos sistemas ATS son más compatibles con archivos en formato Word (.doc o .docx) que con PDF. Es clave seguir las recomendaciones de formato que señale la oferta de trabajo.

1.3.3. ¿Por qué es básico adaptar el *curriculum vitae* a los ATS?

En un mercado laboral tan complejo como el actual, superar los filtros ATS puede representar la diferencia entre que el currículum llegue a manos del seleccionador o resulte descartado de manera automática. Los ATS funcionan como el primer obstáculo en el proceso de selección, y si el *curriculum vitae* no está optimizado para este tipo de sistemas, las oportunidades podrían resultar claramente disminuidas.

Razones clave para optimizar el *curriculum vitae*:

- Incrementar la visibilidad: si el *curriculum vitae* no incluye las palabras clave adecuadas, es muy posible que no resulte seleccionado.

- No ser descartado automáticamente: un formato incorrecto o la carencia de información relevante puede implicar que el ATS rechace la candidatura.

- Competir de manera ventajosa: cuanto más adaptado se halle el *curriculum vitae*, mayor será la posibilidad de destacar frente a otros candidatos.

1.3.4. De qué modo optimizar el *curriculum vitae* para filtros ATS

Se debe adaptar el currículum siguiendo estas estrategias para incrementar las posibilidades de éxito:

1. **Descubrir las palabras clave**

   - Revisar detalladamente la oferta de empleo y resaltar las habilidades, competencias y requisitos que se citan.

   - Incluir estas palabras clave de forma natural en el *curriculum vitae*, fundamentalmente en apartados como experiencia laboral, habilidades y perfil profesional.

2. **Emplear un formato sencillo y limpio**

   - No usar gráficos, imágenes, tablas, columnas o diseños complejos que pudiesen entorpecer la lectura automatizada.

   - Utilizar un formato cronológico inverso, destacando las experiencias profesionales más actuales.

3. **Estructurar la información en secciones estándar**

   - Debe verificarse la inclusión de secciones claras y adecuadamente etiquetadas, tales como «Experiencia Laboral», «Educación», «Habilidades» y «Resumen Profesional».

   - Utilizar encabezados sencillos que los ATS puedan identificar fácilmente.

4. **Adaptar el currículum a cada oferta de trabajo**

   - Personalizar el *curriculum vitae* para cada oferta de trabajo, asegurándose de señalar las habilidades y requisitos concretos citados en la oferta laboral.

5. **Emplear un formato que sea compatible**

- Enviar el *curriculum vitae* en formatos de uso generalizado como Word (.doc o .docx) o PDF, garantizando que resulte legible por los sistemas ATS.

- No emplear texto decorativo o fuentes complicadas de ser leídas. Las fuentes típicas como Arial, Calibri o Times New Roman son las más adecuadas.

6. **Ser breve pero completo**

- Un *curriculum vitae* claro y directo, con información importante, resulta más eficaz. Debe evitarse incluir datos irrelevantes o que sean poco específicos.

7. **Revisar y verificar el *curriculum vitae***

- Hay herramientas *online* que **imitan** el funcionamiento de un ATS y facilitan evaluar si el *curriculum vitae* se encuentra optimizado.

1.3.5. Errores comunes que hay que evitar

Si bien optimizar el *curriculum vitae* para los ATS es básico, también es fundamental evitar errores frecuentes que pueden perjudicar la candidatura:

1. Sobrecargar el *curriculum vitae* con palabras clave:

   Emplear palabras clave reiteradamente o de manera artificial puede generar un documento poco legible y provocar una impresión negativa.

2. Incorporar información intrascendente:

   Añadir datos no procedentes puede generar confusión en el ATS y desviar la atención de las partes clave del CV.

3. Utilizar formatos gráficos complejos:

   No usar plantillas demasiado diseñadas, dado que los ATS pueden interpretar inadecuadamente su contenido.

1.4. Uso de referencias profesionales y adaptación del *curriculum vitae* a cada oferta laboral

El **curriculum vitae (CV)** debe entenderse como algo más relevante que una mera enumeración de las experiencias laborales, académicas y habilidades; es la primera ocasión para destacar en el complejo mercado laboral. Por esa razón, cada sección del documento debe ser cuidadosamente redactada, desde su principio hasta su formato y detalles complementarios, como las referencias profesionales. De igual modo, personalizar el *curriculum vitae* para cada oferta de empleo es una muestra de dedicación y potencia la candidatura.

1.4.1. La importancia de incorporar referencias en el *curriculum vitae*

Las referencias representan una herramienta que aporta valor al *curriculum vitae* al respaldar tanto la experiencia profesional como las competencias. Provienen de personas que han sido compañeros de trabajo o estudios y que pueden asegurar la veracidad de lo que se expresa en el *curriculum vitae*, ofreciendo un elemento adicional de confianza sobre la candidatura.

Figura 1.2. Las referencias son, en ciertos sectores profesionales, un elemento clave para la consecución de un empleo.

¿Qué suponen las referencias?

1. **Credibilidad y confianza:** las referencias representan un aval para el perfil profesional. Un ex responsable, compañero o cliente satisfecho puede opinar de manera favorable respecto al desempeño laboral, las habilidades y la ética de trabajo, lo que es fundamental para crear confianza en los reclutadores.

2. **Validación de habilidades y logros:** independientemente de lo que se incluye en un currículum, las referencias facilitan a los reclutadores la confirmación de logros concretos. Como ejemplo, si se indica que se dirigió un equipo con resultados positivos, una referencia puede acreditar dicha información y aportar detalles adicionales.

3. **Diferenciación:** en mercados de trabajo competitivos, las referencias pueden representar el factor que guíe la decisión final. Aportar contactos importantes señala que se cuenta con respaldo profesional y es un elemento diferenciador respecto de aquellos que no los incorporan.

¿A quién señalar como referencia?

Las referencias más importantes son las que pueden opinar con autoridad acerca de la experiencia profesional y que conocen el desempeño laboral de forma directa:

- **Responsables directos:** encargados o gerentes que hayan verificado el trabajo y puedan hablar sobre los logros del candidato.

- **Compañeros de trabajo:** personas con quienes se haya trabajado de forma directa, sobre todo si el puesto al que se opta supone trabajo en equipo.

- **Clientes o proveedores:** en el supuesto de haber trabajado en proyectos colaborativos, permiten resaltar el profesionalismo y capacidad de relación interpersonal.

Forma de gestionar las referencias

- **Solicitar autorización previamente:** es básico verificar que las personas que se incorporan como referencias están dispuestas a hablar bien del candidato en el caso de que sean contactadas.

- **Sostener la relevancia:** comprobar que las referencias estén vinculadas con la clase de empleo al que se opta.

- **Aportar información que sea actual:** incorporar datos concretos, como el nombre completo, puesto de trabajo, empresa y un medio de contacto directo (por ejemplo, correo electrónico o teléfono).

- **Incluir las referencias:** informar acerca del puesto al que se está optando para que puedan adaptar su discurso de acuerdo con los requerimientos concretos.

En qué casos incluir referencias en el *curriculum vitae*

Ciertas ofertas de trabajo especifican la necesidad de incluir referencias directamente en el currículum, mientras que en otros casos señalan que esta información sea facilitada posteriormente durante el proceso. En todo caso, la expresión «Referencias disponibles a solicitud» resulta útil para señalar la disposición a proporcionarlas.

1.4.2. La base del éxito: adaptar el *curriculum vitae* a la oferta concreta de trabajo

Remitir el mismo *curriculum vitae* para diferentes ofertas de trabajo puede parecer una buena idea, pero en pocas ocasiones resulta efectivo. Los empleadores valoran positivamente a los candidatos que acreditan interés y compromiso adaptando su currículum a los requisitos concretos de cada oferta de empleo.

Ventajas de personalizar el *curriculum vitae*

1. **Muestra interés y dedicación:** personalizar el *curriculum vitae* indica al empleador que se destinó tiempo a comprender las necesidades del trabajo, lo que puede destacar una candidatura respecto a aquellas que solo incluyen CV genéricos.

2. **Resaltar lo destacable:** permite potenciar aquellas experiencias y habilidades concretas que se vinculan con los requisitos de la oferta de empleo. Por ejemplo, en un puesto de coordinador, se podrían destacar logros en gestión de equipos; mientras que para un puesto de comercial en ventas, se deberían resaltar las capacidades de negociación.

3. **Mejorar el posicionamiento dentro de los sistemas ATS:** numerosas empresas emplean sistemas de seguimiento de candidatos (ATS, por sus siglas en inglés) con el objetivo de filtrar los *curriculum vitae*. Adaptar el CV incorporando palabras clave vinculadas con el anuncio de empleo incrementa las posibilidades de avanzar en este filtro inicial.

Cómo personalizar el *curriculum vitae* de forma efectiva

- **Estudiar la oferta de empleo:** determinar las habilidades, competencias y logros que el reclutador considera básicos. Por ejemplo, si se busca «experiencia en ofimática», asegurarse de incluir esta habilidad si se encuentra dentro de la experiencia.

- **Destacar logros concretos:** adaptar el apartado de experiencia laboral priorizando proyectos, consecuciones o responsabilidades que coincidan de forma concreta con los objetivos del empleo.

- **Estructurar la información:** situar primero la información más importante para el puesto de trabajo. Por ejemplo, para un empleo del ámbito técnico, puede empezarse con certificaciones o habilidades de tipo técnico, antes que con experiencias profesionales.

- **Adaptar el resumen profesional:** si se incorpora un resumen inicial o perfil profesional, debe personalizarse para destacar cómo las fortalezas están vinculadas con las necesidades concretas de la empresa.

- **Emplear palabras clave:** obtener palabras clave del anuncio de empleo y comprobar que se incluyen naturalmente en el *curriculum vitae*. Esto resulta particularmente útil para superar los filtros ATS.

1.4.3. Cómo generar sinergias empleando referencias y personalización

Cuando se incorporan referencias que refuerzan los puntos clave resaltados en el currículum, se genera una sinergia que refuerza la confianza del seleccionador. Por ejemplo:

- Si se destaca en el currículum que se gestionó un equipo exitosamente, una referencia del exresponsable que avale dicha experiencia reforzará la candidatura.

- Si se opta a un trabajo que requiere habilidades de relaciones interpersonales, una referencia de un cliente satisfecho puede representar una prueba importante de la capacidad para construir relaciones profesionales.

La finalidad es presentar una candidatura sólida y coherente donde todos los apartados —referencias, contenido personalizado y logros— estén vinculados con las expectativas de la oferta de empleo.

1.4.4. Errores habituales que hay que evitar

- **Referencias de poca importancia:** mencionar contactos que no puedan ofrecer información específica o práctica sobre la experiencia laboral.
- **Personalización mínima:** cambiar exclusivamente detalles mínimos del currículum sin adaptarlo realmente a la oferta de trabajo.
- **Referencias no preparadas:** no informar a los contactos que podrían llegar a ser contactados por parte de un posible empleador.
- **Empleo de currículum genérico:** remitir un currículum sin haber sido adaptado puede implicar que los logros más importantes pasen desapercibidos.

1.5. Redacción del perfil profesional de forma breve y sintética y revisión de la ortografía del currículum evitando las faltas

El *curriculum vitae* es la primera ocasión para generar una impresión positiva ante un reclutador o empleador. Es el documento que habla por ti, resume la experiencia profesional, habilidades y logros, y sirve para situarse como un candidato ideal para un puesto de trabajo. No obstante, incluso contando con una trayectoria profesional de primer nivel, los errores de redacción o faltas de ortografía pueden reducir las posibilidades de éxito de una candidatura.

1. Transmisión de profesionalismo

    Un currículum adecuadamente redactado comunica profesionalismo y seriedad. La adecuación en el lenguaje y la ortografía correcta implican que el candidato afronta seriamente el proceso de selección y que se ha dedicado tiempo y esfuerzo a redactar el documento. Por contra, los errores gramaticales, tipográficos o de ortografía pueden transmitir una impresión negativa al seleccionador, haciendo que aparezcan dudas respecto a la atención al detalle o el nivel de preparación.

2. Muestra de la comunicación por escrito

    El modo en que se redacta el currículum indica las habilidades de comunicación escrita. En muchos empleos, fundamentalmente aquellos vinculados con la redacción, la atención al detalle o el trato con la clientela, la capacidad para expresarse de modo claro y correcto es básico. Un currículum adecuadamente estructurado y sin errores señala que se cuenta con dicha habilidad.

© Ediciones Paraninfo

3. Tener presente la primera impresión

   Algunos informes indican que un reclutador dedica como media entre 6 y 10 segundos para revisar un *curriculum vitae* antes de decidir si sigue leyéndolo o no. Durante ese periodo, cualquier error puede atraer su atención de manera negativa, difuminando la atención de los logros y habilidades hacia los errores del documento.

4. Competitividad entre los diferentes candidatos

   El mercado laboral es muy competitivo, y cada detalle tiene importancia. Un currículum que incluya faltas de ortografía puede ser descartado de forma inmediata, dado que existen numerosos candidatos con documentos adecuadamente presentados. En un proceso en el que los detalles suponen la diferencia, un currículum perfecto puede ser lo que destaque frente a los demás.

1.5.1. Cómo eliminar errores en el *curriculum vitae*

Para asegurarse que un currículum se halla bien redactado y carente de errores, cabe citar esta serie de consejos prácticos:

1. Revisarlo detalladamente:

   Revisar el documento en varias ocasiones, fundamentalmente en momentos diferentes, para encontrar errores que se podían haber pasado por alto.

2. Herramientas para realizar la corrección:

   Emplear correctores ortográficos y gramaticales del procesador de texto (como Word) o herramientas *online* de confianza.

3. Opinión de terceras personas:

   Solicitar a un amigo o compañero que revise el currículum puede servir para detectar errores que se habían pasado por alto.

4. Mantener la simplicidad:

   Evitar emplear frases innecesariamente complejas que puedan generar errores. Lo simple y directo generar mejores resultados.

5. Adaptar el *curriculum vitae* al empleo:

   Personalizar el contenido del currículum para cada oferta de trabajo y revisar la ortografía y la gramática en la fase de modificación del mismo.

6. La proyección de la marca personal

   El currículum es una representación directa de la marca personal. Aunque es un documento técnico, igualmente es una muestra de quién se es como profesional. La redacción adecuada y sin errores denota un compromiso con la excelencia, mientras que un currículum que aparezca como descuidado puede transmitir desorganización o carencia de interés.

1.6. Revisión y mejora el diseño y presentación del currículum asegurando una presentación profesional y limpia

La ortografía se considera una herramienta básica de la comunicación escrita. Dentro del contexto de un *curriculum vitae*, supone mucho más que una regla del ámbito gramatical; es una muestra de la capacidad del candidato para comunicarse con precisión y claridad.

Figura 1.3. Las referencias son, en ciertos sectores profesionales, un elemento clave para la consecución de un empleo.

Los errores ortográficos pueden generar malentendidos y comunicar una imagen de desidia.

Errores habituales en la ortografía de un *curriculum vitae*

- **Palabras mal escritas:** por ejemplo, «ación» en lugar de «acción».
- **Errores gramaticales:** emplear «haber» en lugar de «a ver».
- **Falta de tildes:** escribir «Psicologia» en lugar de «Psicología».
- **Fallos de concordancia:** redactar «un logro única» en lugar de «un logro único».

Un simple error puede resultar suficiente para que el seleccionador cuestione la capacidad de atención al detalle del candidato o, peor aún, su nivel de formación académica. En ámbitos donde la comunicación escrita es clave, como la enseñanza, las relaciones públicas o la administración, este tipo de errores puede ser considerado como inaceptable.

1.6.1. Comunicar imagen de profesionalidad y credibilidad

El currículum es el primer contacto que tendrá un seleccionador con el candidato y, como tal, ha de transmitir confianza. Los errores ortográficos reducen dicha credibilidad y pueden llevar a los reclutadores a pensar que:

- No se prestó la adecuada atención a los detalles.
- No se destinó el tiempo necesario para revisar el currículum.
- No existe el suficiente compromiso o profesionalismo en la presentación.

En otro sentido, un currículum impecable implica:

- Que se es meticuloso y organizado.
- Que se aborda con seriedad el proceso de selección.
- Que se cuida la calidad del trabajo que entregas.

Con mucha frecuencia, un currículum con múltiples errores puede entenderse como una falta de interés verdadero por el puesto. Esto resulta muy importante en procesos donde los reclutadores reciben un alto número de solicitudes y están buscando razones para disminuir el número de candidatos.

1.6.2. De qué forma los errores desvían la visión acerca del contenido

Un currículum con errores gramaticales o tipográficos puede desviar la atención del seleccionador. En vez de concentrarse en los logros o consecuciones, el reclutador se encontrará distraído por las faltas ortográficas. Por ejemplo:

- En vez de valorar la experiencia, podrían quedar sorprendidos por errores básicos.
- Peor aún, es posible ser descartado sin que se llegue a considerar la candidatura con atención.

Esto resulta especialmente importante en ámbitos donde la redacción y la corrección resultan fundamentales. Por ejemplo, si postulas a un trabajo vinculado a la edición de textos o redacción de contenido, los errores en el currículum serán inaceptables.

1.6.3. Consejos útiles para evitar errores de ortográficos en el *curriculum vitae*

1. **Revisión detallada:**
   - Emplear tiempo en revisar cada palabra y frase del *curriculum vitae*.
   - Lee el *curriculum vitae* en voz alta para detectar errores que podrían pasar desapercibidos.

2. **Empleo de herramientas tecnológicas:**

   — Emplear programas de corrección gramatical y ortográfica tales como Microsoft Word, Grammarly o correctores *online*.

   — Verificar que el corrector esté configurado en el idioma correcto.

3. **Uso de lenguaje simple**:

   — Evitar frases complejas que puedan dar lugar a la aparición de errores. Conviene ser claro y directo en la redacción del *curriculum vitae*.

4. **Personalizar y revisar:**

   — Si se adapta el currículum para cada oferta de trabajo, efectuar una nueva revisión tras haber efectuado los cambios.

5. **Atención con las traducciones:**

   — Si estás traduciendo tu CV a otro idioma, debe hacerse con la colaboración de un profesional o de una herramienta de confianza.

1.6.4. El papel de una redacción clara

Aparte de la ortografía, la redacción habrá de ser clara, concisa y dirigida a destacar los logros y habilidades más importantes. Para lograr esto:

- Emplear verbos de acción que comuniquen iniciativa y resultados, tales como «desarrollar», «lograr», «conseguir».

- Suprimir información redundante o irrelevante.

- Emplear un diseño limpio y adecuadamente estructurado que facilite la lectura.

Debe considerarse que la finalidad es captar la atención del empleador de manera positiva desde el primer momento.

Búsqueda y selección de empresas y organismos para enviar el currículum en entornos digitales

En el momento presente, internet es una herramienta básica en la búsqueda de empleo y en la identificación de empresas vinculadas con el perfil profesional de cada persona. Conocer cómo llevar a cabo búsquedas estratégicas y adecuadas en la web, empleando palabras clave efectivas, se ha convertido en una habilidad fundamental para acceder a oportunidades en el mercado de trabajo.

2.1. Realización de búsquedas en internet de empresas relacionadas con el perfil profesional según palabras clave

La fase inicial para alcanzar el éxito profesional es identificar las empresas que se ajusten con precisión a los intereses, habilidades y experiencia del candidato. Internet permite un acceso ilimitado a información que, correctamente utilizada, permite:

■ Identificar empresas de interés de acuerdo con el sector o la zona geográfica.

■ Acceder a detalles acerca de la cultura organizacional, oportunidades de trabajo y requisitos específicos.

■ Conocer empresas emergentes o menos notorias, que puedan suponer grandes oportunidades.

Este proceso no solo incrementa el panorama profesional, sino que igualmente permite personalizar la búsqueda para asegurarse de que se está contactando con las organizaciones o empresas deseadas.

2.1.1. La función de las palabras clave en una búsqueda efectiva

Las palabras clave son el punto nuclear de cualquier búsqueda exitosa dentro de internet. Las mismas actúan como filtros que guían los motores de búsqueda hacia los resultados más importantes. Para maximizar la efectividad de las búsquedas, es fundamental desarrollar una lista de palabras clave relacionadas con el propio perfil profesional.

¿Cuál es la mejor forma de definir palabras clave que resulten efectivas?

1. **Identificar el sector profesional:**
   − Emplear términos específicos como «ingeniería mecánica», «desarrollo de *software*», «recursos humanos» o «*marketing online*».

2. **Resaltar habilidades técnicas o transversales:**
   − Por ejemplo: «dirección de proyectos», «redacción científica», «diseño gráfico» o «optimización SEO».

3. **Incluir la ubicación geográfica:**
   − Si se buscan oportunidades locales, indicar la ciudad o región, como «empresas tecnológicas en Murcia» u «organizaciones sin ánimo de lucro en Sevilla».

4. Buscar con definiciones de empleos o roles:

— Por ejemplo, «analista de inversiones», «gestor de proyectos» o «especialista en diseño de páginas web».

Emplear combinaciones de estas palabras clave disminuirá el ruido de resultados irrelevantes y permitirá el acceso a la información más relevante.

2.1.2. Recursos web y plataformas para búsquedas de empresas

Motores de búsqueda (Google, Bing, etc.)

Los motores de búsqueda generalistas constituyen una herramienta básica para identificar empresas relacionadas con el propio perfil profesional. Es recomendable emplear operadores de búsqueda avanzada para obtener mejores resultados:

- **Comillas ("")**: para encontrar términos exactos, como "restaurante japonés en Valencia".

- **Operador AND:** para combinar varios términos, como «empresas de seguridad AND sistemas de seguridad».

- **Operador OR:** para buscar alternativas, como «diseñador de páginas web OR diseñador digital».

- **Signo menos (-):** para excluir términos no deseados, como «empresas de enseñanza -formación profesional».

Plataformas de empleo

Portales como LinkedIn, Glassdoor, InfoJobs o Indeed no únicamente ofrecen vacantes de empleo, sino igualmente información clave sobre las empresas que están contratando personal. Estas plataformas permiten la realización de búsquedas específicas mediante palabras clave y obtener detalles como tamaño de la empresa, reseñas de trabajadores y cultura organizacional.

Figura 2.1. LinkedIn es una red social clave en la búsqueda de oportunidades profesionales.

Directorios de empresas

Los directorios empresariales, como Kompass o páginas oficiales de las Cámaras de Comercio o de organismos de fomento de la actividad empresas, son útiles para encontrar listados detallados de empresas por industria, localización y tamaño.

Sitios web y blogs especializados

Existen sitios web focalizados en sectores concretos, como TechCrunch para tecnología o GreenBiz para sostenibilidad, que pueden ayudar al candidato a identificar empresas en áreas de su interés.

Redes sociales

Plataformas como X, Instagram y LinkedIn son fundamentales para encontrar empresas que estén en activas en la comunicación de sus proyectos y oportunidades laborales. Se recomienda la búsqueda de *hashtags* relacionados (#empleo, #innovación) o seguir a empresas clave.

2.1.3. Etapas para llevar a cabo búsquedas efectivas de empresas

1. **Definir los objetivos:**
   - Previo a comenzar, debe considerarse qué clase de empresa se busca: ¿multinacional o *startup*? ¿Cultura innovadora o de tipo tradicional? ¿En qué ámbito productivo o industria?

2. **Planificar la estrategia de búsqueda:**
   - Combinar palabras clave y emplear operadores de búsqueda avanzada.
   - Ejemplo: «consultoría de calidad en Valencia AND sostenibilidad».

3. **Filtrar y analizar los resultados:**
   - No limitarse a los primeros resultados. Explorar distintas páginas y recursos.
   - Comprobar la autenticidad de las empresas verificando su sitio web oficial o perfil en las plataformas de empleo.

4. **Analizar la empresa:**
   - Tras haber identificado una organización interesante, profundizar en su información:
     - Visitar su página web para conocer su historia, misión, visión y valores.
     - Leer noticias actualizadas sobre sus actividades y logros.
     - Buscar reseñas de trabajadores para entender su cultura laboral.

5. **Registrar la información obtenida:**

   — Estructurar la información de las empresas en un documento de texto u hoja de cálculo, clasificándola de acuerdo con su relevancia, sector o ubicación.

6. **Actualizar y repetir el proceso:**

   — Los mercados y oportunidades se modifican de forma continua. Deben realizarse búsquedas periódicas para mantener actualizada la lista de empresas objetivo.

2.1.4. Ventajas de buscar empresas en internet considerando palabras clave

1. **Ahorro de tiempo:**

   — Las palabras clave permiten acceder de manera directa a información concreta, evitando explorar resultados irrelevantes.

2. **Amplitud de la información:**

   — Gracias a internet, es posible acceder a detalles de empresas en cualquier lugar del mundo, expandiendo las oportunidades laborales.

3. **Conexión con empresas emergentes:**

   — No todas las empresas publican activamente las ofertas de trabajo en portales de empleo. Una búsqueda efectiva puede ayudar a identificar organizaciones emergentes o menos conocidas.

4. **Adaptación de la candidatura:**

   — Entendiendo mejor a las empresas, es posible personalizar el currículum y la carta de presentación para alinearse con sus necesidades y cultura empresarial.

2.1.5. Desafíos habituales y manera de superarlos

1. **Excesivos resultados poco relevantes:**

   — Solución: ajustar las palabras clave y emplear más operadores avanzados.

2. **Información no actualizada:**

   — Solución: priorizar fuentes confiables, tales como páginas web oficiales y perfiles empresariales activos en redes sociales.

3. **Dificultad para encontrar empresas nuevas o locales:**

   — Solución: explorar redes locales y directorios específicos del área territorial.

2.2. Visita de las webs de las empresas y organismos seleccionadas identificando la forma de contacto con las mismas

Conseguir un empleo en el mercado laboral del momento presente requiere de estrategias efectivas y del uso correcto de las herramientas tecnológicas con las que se cuenta. Dos de las fuentes más confiables y accesibles para buscar oportunidades son tanto las páginas web de las empresas como los portales de empleo. Los dos presentan ventajas únicas y pueden complementarse para incrementar las posibilidades de encontrar un puesto de trabajo adecuado.

2.2.1. Razones para buscar empleo en las páginas web empresariales

Las páginas web corporativas habitualmente son un excelente punto de partida para localizar oportunidades laborales en empresas que resultan de interés. Este enfoque es especialmente útil si se tienen determinadas las organizaciones específicas en las que se desea trabajo.

Ventajas de buscar empleo de manera directa en las páginas de las empresas

1. **Acceso directo a ofertas de trabajo actualizadas:**
   – Muchas empresas publican primero sus ofertas en su propia página web antes de recurrir a portales de empleo u otras plataformas. Esto ofrece la ventaja de ser uno de los primeros en presentarse.
2. **Conectar con la cultura empresarial:**
   – Explorar la sección de «Carreras» o «Trabaja con Nosotros» en las páginas web empresariales también permite comprender mejor la misión, los valores y la cultura de la organización.
3. **Evitar intermediarios:**
   – Enviar directamente a la página de la empresa asegura que el currículum sea recibido directamente por el departamento de recursos humanos sin intermediarios, lo que hace más eficaz el proceso.
4. **Oportunidades únicas:**
   – Ciertas empresas ofrecen programas internos de becas, prácticas profesionales o formación que no aparecen anunciadas en otros portales.

Cómo buscar empleo en las páginas web de las empresas

1. **Localizar empresas que sean de interés:**
   – Hacer una lista de empresas en las que se desea trabajar. Investigar acerca de ellas y localizar la sección de «Empleo» o «Carreras» dentro de sus sitios web.

2. **Crear un perfil en el portal de la empresa:**
   - Muchas empresas permiten a los usuarios crear perfiles para gestionar la candidatura, incorporar su currículum y recibir notificaciones de nuevas vacantes laborales.

3. **Subscribirse a alertas:**
   - Activar notificaciones para recibir actualizaciones sobre nuevas ofertas laborales directamente en tu correo electrónico.

4. **Explorar oportunidades que aparezcan como ocultas:**
   - Algunas empresas cuentan con ofertas de trabajo abiertas, pero no publican activamente en los portales de empleo. Revisar sus sitios web permite descubrir estas oportunidades.

5. **Revisar recursos vinculados:**
   - Aprovechar otros apartados de la página web, como blogs corporativos o noticias, para conocer proyectos futuros de la empresa que podrían dar lugar a nuevas contrataciones.

Ejemplo de empresas con páginas de empleo efectivas

- **Google:** su página de empleo resalta por la facilidad de navegación, la personalización de alertas y los consejos para presentar la candidatura.

- **IKEA:** cuenta con una sección dedicada a oportunidades tanto locales como internacionales, y transmite información sobre su cultura laboral.

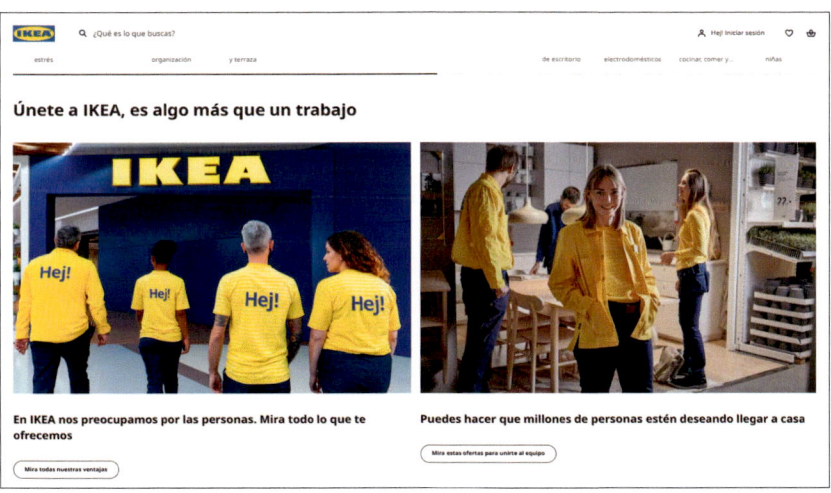

Figura 3.1. Página de empleo de IKEA. Fuente: www.ikea.es

- **Nestlé:** dispone de un portal para ofertar vacantes según el país y clase de trabajo, además de ofrecer programas de prácticas.

2.2.2. Portales web de empleo

Los portales web de empleo son plataformas que se encuentran diseñadas concretamente para conectar a reclutadores con candidatos. Se trata de una herramienta básica para los candidatos que buscan trabajo, dado que permiten acceder a miles de ofertas en un único lugar.

Puntos fuertes de los portales de empleo

1. **Búsqueda centralizada:**
   - Permiten encontrar trabajos en diferentes empresas y sectores desde una única plataforma.
2. **Filtros personalizados:**
   - Puedes seleccionar los puestos libres en función de palabras clave, ubicación, nivel de experiencia, salario esperado y otros parámetros.
3. **Extenso alcance:**
   - Incluyen ofertas laborales tanto locales como internacionales, lo que incrementa las oportunidades profesionales.
4. **Recursos adicionales:**
   - Numerosos portales ofrecen herramientas tales como plantillas de currículum, consejos para realizar entrevistas y evaluaciones de habilidades.
5. **Visibilidad del perfil:**
   - Los reclutadores pueden localizar candidatos en las bases de datos de los portales de empleo, lo que incrementa las posibilidades de resultar contactado directamente.

Cómo buscar empleo en los portales de empleo

1. **Crear un perfil interesante:**
   - Completar la totalidad de los campos del perfil y asegurarse de que destaquen las habilidades clave, experiencia laboral y logros.
2. **Optimizar el currículum para los filtros ATS:**
   - Emplear palabras clave importantes en el sector y asegurarse de que el currículum resulte compatible con los sistemas automatizados que emplean numerosos portales.
3. **Aprovechar las alertas de empleo:**
   - Crear notificaciones para recibir oportunidades de interés de acuerdo con el perfil e intereses del candidato.

4. **Buscar empresas y puestos específicos:**

   — Utilizar las funciones de búsqueda avanzada para refinar los resultados.

5. **Ser activo:**

   — Presentarse de forma repetida a las ofertas que vayan apareciendo y actualizar el perfil para resultar visible a los reclutadores.

Portales de empleo más exitosos

- **LinkedIn:** más que propiamente un portal de empleo, se define como una red profesional que permite conectar con reclutadores, contactar con empresas y presentarse a vacantes.

- **Indeed:** uno de los portales más relevantes, con ofertas en distintos sectores y países.

- **Glassdoor:** aparte de ofertas de empleo, incorpora reseñas de trabajadores sobre empresas y detalles acerca de los procesos de selección.

- **InfoJobs:** muy utilizada en España, ofrece numerosas ofertas locales y la posibilidad de seguir el estado de las candidaturas.

2.3. Comparación entre las páginas web de las empresas y los portales de empleo

	Páginas web de empresas	Portales de empleo
Alcance	Limitado a una empresa específica	Amplio, con múltiples empresas y sectores
Exclusividad	Ofertas específicas de la empresa	Menos exclusivas, pero con más volumen de ofertas
Acceso directo	Comunicación directa con la empresa	A veces requiere intermediarios
Personalización	Enfocado en la cultura y valores de la empresa	Ofrece filtros según tus intereses
Utilidad adicional	Información sobre cultura corporativa	Recursos de búsqueda y consejos laborales

Ideas para combinar ambos métodos

1. **Realizar una lista de prioridades:**

   — El candidato debe decidir si prefiere centrarse en empresas concretas o explorar un rango amplio de oportunidades.

2. **Investigar antes de presentar una candidatura:**

   – Emplear portales de empleo para identificar empresas en el sector de interés y después revisar sus páginas web para conocer más acerca de ellas.

3. **Mantener el currículum actualizado:**

   – Asegurarse de que tanto el currículum en los portales de empleo como el que se presente en las páginas de empresas se halle adaptado al puesto al que se presenta el candidato.

4. **Diversificar los esfuerzos:**

   – No ceñirse a un único método. Emplear ambos recursos para maximizar las oportunidades de conseguir un trabajo.

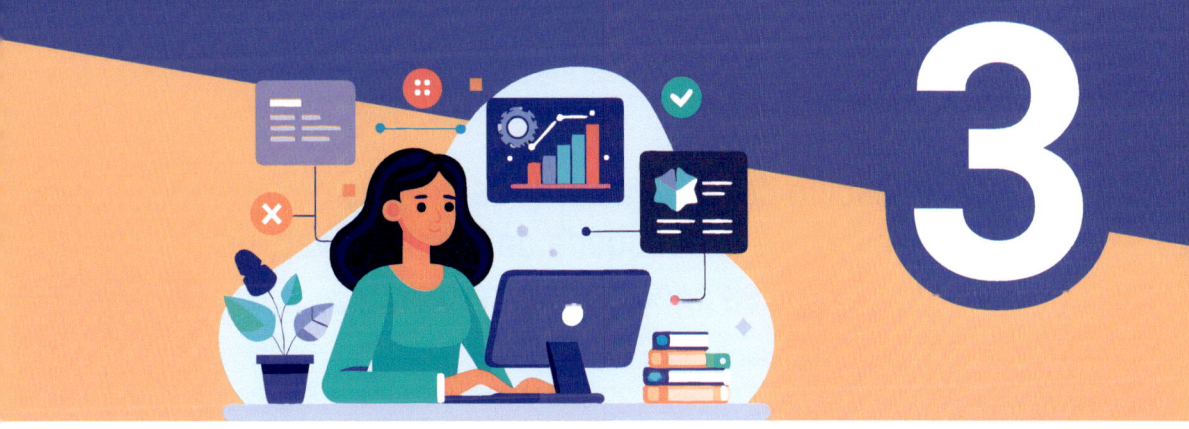

Búsqueda y gestión de la información en buscadores de empleo

La búsqueda de empleo en el mundo actual precisa no solo esfuerzo y dedicación, sino igualmente estrategias efectivas y acceso a información útil. Determinar las necesidades de información es la primera fase para enfrentar este proceso de manera estructurada y eficiente.

3.1. Identificación de las necesidades propias de información en relación con la búsqueda de empleo (web, portales de empleo, redes sociales, entre otros)

En la actualidad, internet, portales de empleo, redes sociales y otras herramientas digitales han incrementado de manera notable las posibilidades de los candidatos, pero también exigen un enfoque claro para aprovecharlas plenamente.

3.1.1. La transcendencia de identificar las necesidades de información

Con anterioridad a comenzar la búsqueda de empleo, es básico reflexionar sobre qué información es precisa. Este ejercicio de autoanálisis dará pie a establecer objetivos claros y establecer un plan de acción. Entre las preguntas que conviene plantearse se encuentran:

- **¿Qué clase de empleo se busca?**
  - Clase de contrato (temporal, indefinido, prácticas, autónomo).
  - Nivel de experiencia solicitado.
  - Industria o sector concreto.
- **¿Dónde se desea trabajar?**
  - Localización geográfica.
  - Opción personal por trabajo remoto, híbrido o presencial.
- **¿Qué requisitos han de reunirse?**
  - Habilidades técnicas o competencias concretas.
  - Certificaciones o formación académica necesaria.
  - Idiomas o conocimientos adicionales, tal como es el caso de la ofimática.
- **¿Qué empresas resultan de interés?**
  - Multinacionales, pymes, *startups* o instituciones gubernamentales.
  - Empresas alineadas con los valores y objetivos profesionales del candidato.

3.1.2. Fuentes de información clave para la búsqueda de empleo

Tras haber definido las propias necesidades, el siguiente paso consiste en identificar las fuentes de información más adecuadas para satisfacerlas. A continuación, se indican las principales herramientas con las que se cuentan.

A. Páginas web de las empresas

Las páginas web de las empresas son una fuente muy valiosa para conocer sus vacantes, cultura organizacional y requisitos que se solicitan. La gran mayoría de las grandes empresas disponen de una sección de «Trabaja con Nosotros» o «Carreras», donde se presentan oportunidades disponibles.

B. Portales de empleo

Los portales web de empleo se definen como plataformas destinadas a conectar empleadores con candidatos. Representan una de las herramientas más utilizadas en la búsqueda de trabajo debido a que cuentan con capacidad para centralizar miles de vacantes.

Ventajas de los portales de empleo:

- Disponen de filtros avanzados para encontrar oportunidades laborales específicas.

- Ofrecen visibilidad al perfil del candidato ante los reclutadores.

- Cuentan con recursos adicionales como consejos para realizar las entrevistas y herramientas para redactar un currículum.

C. Redes sociales

Las redes sociales, además de representar un espacio para interacción entre los candidatos, son una poderosa herramienta para la búsqueda de empleo y la generación de una marca personal.

Ejemplo de plataformas:

- **LinkedIn:** la red profesional más relevante, donde se puede seguir empresas, unirse a grupos de discusión y presentar candidaturas directamente a ofertas de empleo.

- **X:** a través de *hashtags*, tales como #Empleo o #OportunidadesLaborales, es factible encontrar ofertas de interés.

- **Facebook e Instagram:** algunas empresas locales o *startups* publican ofertas de empleo en sus perfiles oficiales.

Cómo emplearlas de manera eficaz:

- Mantener los perfiles profesionales actualizados y profesionales.

- Unirse a grupos o foros vinculados con los sectores de interés.

- Interactuar con publicaciones de empresas o reclutadores para incrementar la visibilidad del propio perfil.

Figura 3.2. Las ferias de empleo son una ocasión muy adecuada para contactar de forma directa con las ofertas que ofrecen trabajo. Fuente: www.sepe.es

D. Ferias virtuales y plataformas de *networking*

Con la digitalización generalizada en la actualidad, las ferias de empleo en línea y los eventos de *networking* se han transformado en un recurso esencial. Estas plataformas cuentan con la posibilidad de interactuar de forma directa con empresas y representantes del departamento de recursos humanos.

De qué forma participar:

– Registrarse en ferias virtuales organizadas por universidades, Cámaras de Comercio o portales de empleo.

– Prepararse para interactuar en tiempo real: tener disponible un currículum actualizado y un discurso breve acerca del perfil profesional.

– Prestar atención a las sesiones informativas de las empresas para conocer sus prioridades y valores.

E. Blogs y páginas de recursos

Además de las fuentes anteriores, algunos blogs especializados y páginas de asesoramiento profesional divulgan consejos prácticos y listados de empresas relevantes en un sector determinado.

Algunos ejemplos:

– Páginas web tales como «Infoempleo» o «Hays» publican informes acerca de tendencias laborales, salarios y habilidades demandadas.

– Blogs personales que redactan expertos en recursos humanos.

Sistemas para organizar la información conseguida

Durante el proceso de búsqueda de empleo, es probable que se obtenga una relevante cantidad de información. Para mantener el control y sacar el máximo aprovechamiento de la misma, es fundamental organizarla adecuadamente:

A. Crear una base de datos personal

– Emplear hojas de cálculo para registrar empresas, ofertas de empleo, contactos y fechas de presentación de candidatura.

– Incorporar columnas para registrar requisitos concretos de cada empleo, estado de la candidatura, así como diversas observaciones.

B. Emplear herramientas digitales

– Aplicaciones como Trello o Notion pueden ayudar al candidato a gestionar sus objetivos y tareas vinculados con la búsqueda de empleo.

– Configurar alertas y recordatorios para controlar el progreso de las ofertas a las que el candidato se haya presentado.

C. Crear un plan de acción

– Dividir el tiempo entre buscar disponibles, personalizar el currículum, y realizar seguimientos a las candidaturas.

– Establecer objetivos diarias o semanales para sostener un enfoque constante.

Adaptación y personalización en la búsqueda de empleo

El mero hecho de recopilar información no asegura el éxito. Es fundamental adaptarse a las necesidades concretas de cada trabajo y empleador. Personalizar el currículum, carta de presentación y mensajes de contacto incrementa de manera relevante las probabilidades de seguir adelante en los procesos de selección.

Consejos básicos:

- **Estudiar la oferta laboral:** extraer palabras clave y requisitos más relevantes para incorporarlos a tus documentos de que se presentan en la empresa.

- **Enfocarse en lo más importante:** destacar habilidades y logros directamente vinculados con el puesto ofertado.

- **Mantener un tono profesional y cercano:** ello hace referencia especialmente en correos electrónicos y mensajes enviados empelando de redes sociales.

3.2. Terminología común del empleo en el ámbito digital

El mundo del empleo ha cambiado de forma radical con la digitalización que vivimos en la actualidad. Hoy en día, los procesos de reclutamiento y búsqueda de trabajo se encuentran íntimamente vinculados al ámbito digital, donde conceptos como **portales de empleo**, **metabuscadores**, **redes sociales profesionales** y términos relacionados se integran en el vocabulario de cada día. Entender esta terminología es fundamental para aprovechar al máximo las herramientas con las que se cuenta y para posicionarse de forma correcta en el mercado laboral.

En este epígrafe se expone la terminología más común del empleo en el ámbito digital, desarrollando qué significa cada término y cómo se aplica en el ámbito de la búsqueda de trabajo en línea.

3.2.1. Portales de empleo

Los portales de empleo se definen como plataformas digitales diseñadas específicamente para conectar a candidatos con empresas que buscan talento. Estas plataformas permiten a los usuarios buscar y enviar su candidatura a ofertas laborales, además de gestionar sus respectivos perfiles profesionales.

Características fundamentales:

- **Filtros de búsqueda:** los usuarios pueden buscar trabajo en base a criterios como ubicación, clase de contrato, industria o grado de experiencia.

- **Gestión de candidaturas:** los portales permiten a los usuarios controlar el estado de las ofertas a las que se han presentado.

- **Alertas personalizadas:** muchos portales ofrecen la posibilidad de configurar notificaciones basadas en preferencias específicas.

© Ediciones Paraninfo

3.2.2. Metabuscadores

Un metabuscador consiste en una herramienta que recopila información de diferentes portales de empleo y la centraliza en una única plataforma. En vez de visitar diversos portales por separado, los usuarios pueden efectuar búsquedas de empleo desde un único metabuscador, lo que ahorra tiempo y esfuerzo para los candidatos.

Funcionamiento:

■ Funcionan como «agregadores» de ofertas de empleo.

■ Permiten efectuar búsquedas con relación a palabras o conceptos determinados.

Ejemplos de metabuscadores:

■ **Jooble:** recopila ofertas de empleo de múltiples plataformas y sitios web.

■ **SimplyHired:** ofrece resultados de diferentes portales en una única búsqueda.

■ **Adzuna:** combina las ofertas más actuales de páginas web tanto globales como regionales.

3.2.3. Redes sociales profesionales

Las redes sociales profesionales se definen como plataformas diseñadas de forma concreta para vincular a personas con intereses laborales y empresariales compartidos. Son herramientas fundamentales para realizar *networking* (creación de redes de contacto), la búsqueda activa de un trabajo y la creación de una marca personal.

Redes más populares:

■ **LinkedIn:** la más relevante red social profesional, que combina búsqueda de empleo con la interacción directa entre candidatos, seleccionadores y empresas.

■ **Xing:** muy empleada en Europa, especialmente en países tales como Alemania, centrada en la creación de contactos profesionales.

■ **Opportunity:** una plataforma que utiliza datos de interés profesional para conectar a usuarios en función de sus necesidades laborales o comerciales.

Términos clave vinculados:

■ **Perfil profesional:** sería equivalente a un currículum digital en el que se destacan habilidades, experiencia y logros profesionales.

■ *Endorsements* **(recomendaciones):** validaciones de las habilidades personales o profesionales por parte de los contactos de un usuario.

■ *Networking*: la generación de relaciones profesionales para obtener oportunidades de trabajo.

3.2.4. *Link y Call to Action* (CTA)

En el entorno laboral digital, palabras como **link** y **Call to Action** (CTA) llevan a cabo un papel fundamental en la interacción entre candidatos y empleadores.

- **Link**: una dirección de acceso a una página web o recurso *online*. Los reclutadores suelen incorporar *links* en las publicaciones de empleo para redirigir a los candidatos al portal de candidaturas o a la descripción concreta del puesto.

- **Call to Action** (CTA): se trata de una instrucción clara diseñada para animar a los usuarios a llevar a cabo una acción concreta. En el ámbito de empleo, un CTA habitual sería «Aplica ahora» o «Envíanos tu currículum».

  Consejos prácticos:

- Revisar siempre los *links* para asegurarse de que tienen su origen en fuentes fiables.

- Responde a los CTA de forma oportuna para aprovechar oportunidades laborales importantes.

3.2.5. Palabras clave (*Keywords*)

Las palabras clave son términos concretos empleados para describir habilidades, cargos, industrias, o requisitos laborales. En el marco digital, son básicos para optimizar tanto los currículums como las búsquedas de puestos de trabajo.

Relevancia de las palabras clave:

- **En buscadores:** ayudan a los candidatos a localizar trabajos de su interés empleando términos específicos, como «director de calidad» o «analista de datos».

- **En currículums:** incluir términos clave vinculados con el puesto de trabajo incrementa la probabilidad de que el CV supere los filtros ATS (Applicant Tracking System).

3.2.6. *Employer Branding*

La expresión **Employer Branding** hace referencia a la reputación de una empresa como empleador. Muchas empresas utilizan su página web, redes sociales y plataformas tales como Glassdoor para presentarse como lugares atractivos para trabajar.

Por qué resulta relevante para los candidatos:

- Permite identificar empresas que tienen en cuenta el bienestar y desarrollo de sus empleados.

- Ayuda a comprender mejor la cultura y valores de una organización antes de presentar su candidatura.

3.2.7. Autónomos y plataformas web

El trabajo independiente o autónomo es cada vez más habitual dentro del ámbito digital. Las plataformas especializadas en poner en contacto a autónomos con clientes son herramientas fundamentales para quienes buscan flexibilidad laboral.

Plataformas más utilizadas:

- **Upwork:** adecuada para encontrar proyectos vinculados con desarrollo, diseño, redacción y materia similar.

- **Fiverr:** plataforma donde los autónomos ofrecen sus servicios mediante «gigs» (ofertas concretas de trabajo).

- **Workana:** muy empleada en América Latina para poner en contacto a empresas con profesionales autónomos.

3.2.8. *Soft skills* y *hard skills*

Las palabras *soft skills* (habilidades blandas) y *hard skills* (habilidades técnicas) son fundamentales en cualquier perfil profesional.

- *Hard skills*: conocimientos concretos vinculados con el trabajo, tales como programación de páginas web, diseño o análisis de datos.

- *Soft skills*: competencias de tipo interpersonal entre las que cabe citar la comunicación, el trabajo en equipo y la capacidad de resolución de conflictos.

Es fundamental incorporar las dos clases de habilidades en el currículum y perfil profesional para destacar ambas capacidades.

3.2.9. *Marketplace* de empleo

Un *marketplace* de empleo es una plataforma que vincula empresas con candidatos mediante un modelo colaborativo, permitiendo a ambos interactuar en tiempo real y analizar oportunidades laborales.

Ejemplo:

- **Jobandtalent:** un *marketplace* que contribuye a la contratación flexible de los trabajadores mediante una plataforma móvil.

Comprender y dominar la terminología del empleo en el ámbito digital es una ventaja estratégica para navegar en el mundo laboral moderno. Desde portales de empleo y metabuscadores hasta redes sociales profesionales y conceptos como *Employer Branding*, cada término representa una herramienta que puedes aprovechar para aumentar tu visibilidad y competitividad.

3.3. Uso de las técnicas de entrevista

En un mundo digital como el actual, las entrevistas de trabajo virtuales han llegado a ser una práctica cada vez más habitual en los procesos de selección. Si bien comparten algunos elementos con las clásicas entrevistas presenciales, igualmente presentan desafíos únicos que requieren una preparación específica. A continuación, se recoge una serie de consejos para preparar las respuestas y transmitir la mejor impresión en una entrevista de trabajo *online*.

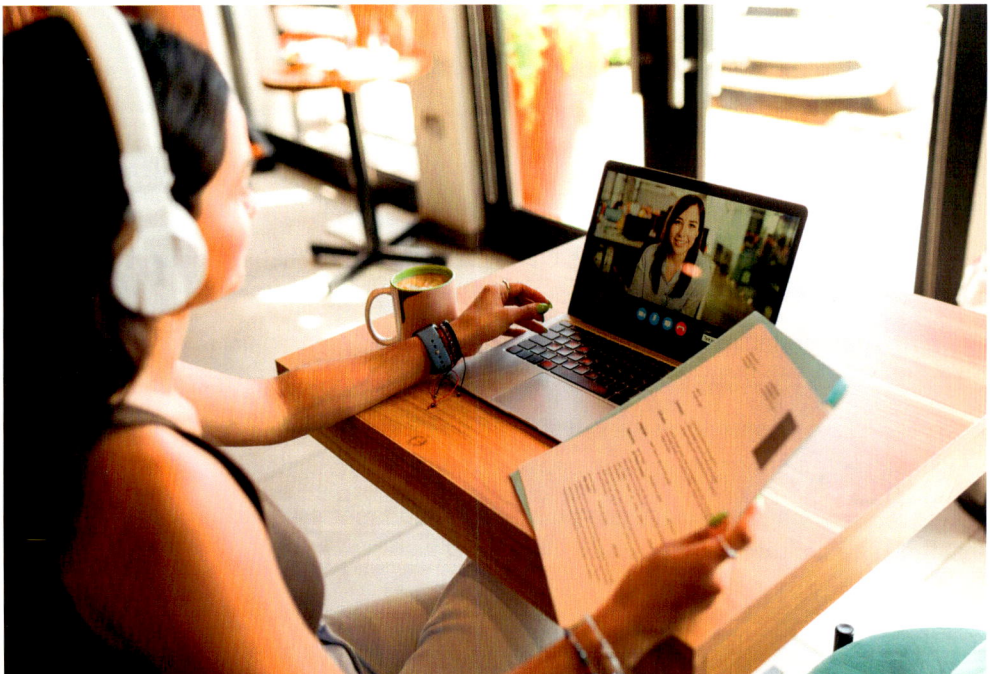

Figura 3.3. Las entrevistas de trabajo son una realidad cada vez más frecuente en la actualidad.

3.3.1. Prepararse de forma metódica

Del mismo modo que en una entrevista presencial, la preparación previa es básica para destacar como un candidato relevante. Ello implica no solo tener claro lo que se pretende decir, sino igualmente investigar en detalle sobre la empresa y el puesto al que se está aplicando.

■ **Analizar la empresa:** destinar tiempo a conocer bien la organización, su misión, visión, valores y productos o servicios. Revisar noticias actuales acerca de la empresa para estar al día de su actualidad y posición en el mercado.

- **Conocer el puesto de trabajo:** estudiar en detalle la descripción del puesto. Analizar acerca de cómo la experiencia, habilidades y competencias se relacionan con los requisitos y de qué forma se puede aportar valor a la empresa.

- **Identificar las propias fortalezas:** analizar los logros y habilidades destacadas. ¿Qué hace diferente a un aspirante? ¿Qué puede ofrecer alguien que otros candidatos no pueden?

- **Preparar respuestas adecuadas:** anticipar preguntas frecuentes tales como «¿Cuáles son tus puntos fuertes y tus puntos débiles?», «¿Por qué deberíamos contratarte en esta empresa?» o «¿Dónde te ves dentro de cuatro años?». Conviene contar con respuestas claras y bien estructuradas para cada una.

3.3.2. Practicar un ensayo general

Uno de los puntos clave para ganar seguridad durante una entrevista *online* es ensayarla con anterioridad. Dicho ejercicio facilitará anticipar posibles nervios e incrementar fluidez en la comunicación.

- **Esquema fundamental:** realizar una lista o esquema con los temas fundamentales que se busca abordar durante la entrevista, tales como los logros más relevantes, muestras de proyectos exitosos y los motivos por los que se aspira a trabajar en una empresa concreta.

- **Poner en práctica tanto el tono como la claridad:** ensayar en voz alta para verificar que tu mensaje resulte claro, coherente y profesional. Trabajar el ritmo, intentando no hablar excesivamente rápido o efectuar pausas largas.

- **Efectuar simulaciones de la entrevista:** solicitar a una persona de confianza que ayude al candidato a simular la entrevista. Esto permitirá acostumbrarse a responder a preguntas inesperadas y mejorar la capacidad para responderlas de forma segura.

- **Probar la cámara:** siempre es adecuado emplear la cámara durante una entrevista *online*, salvo que aparezcan fallos técnicos inesperados. Ensayar con la cámara encendida contribuirá a adaptarse a esta dinámica.

3.3.3. Elegir un entorno que sea tranquilo y ordenado

El lugar en el que se lleve a cabo la entrevista puede influir en la impresión que se genere en el reclutador. Asegurarse de seleccionar un entorno adecuado y profesional.

- **Elegir un espacio silencioso:** evitar ruidos de fondo que puedan generar distracciones en el entrevistador. Es adecuado cerrar ventanas y puertas, y pedir a las personas con las que se conviva que no produzcan ingenierías.

- **Cuidar la iluminación:** seleccionar un lugar adecuadamente iluminado, preferiblemente con luz natural. Verificar que el rostro aparezca claramente visible y no en sombras.

- **Ordenar el fondo:** optar por un fondo limpio y sencillo, que evite distracciones. Si es factible, emplear un fondo virtual neutro para presentar una apariencia profesional.

3.3.4. Transmitir una imagen profesional

Aunque el candidato esté en su casa, la imagen es un reflejo del profesionalismo. Vestirse de forma correcta demuestra respeto y seriedad hacia el proceso de selección.

- **Vestir de acuerdo con el contexto:** elegir un atuendo conforme con el tipo de empresa. Para puestos ejecutivos, un traje formal se considera apropiado; mientras que, para puestos de trabajo más informales, un estilo casual puede resultar suficiente.

- **Asegurarse de tener un aspecto impecable:** aunque el candidato no se encuentre físicamente en la oficina, hay que asegurarse de presentar un aspecto limpio y cuidado. No debe minusvalorarse el impacto de los detalles, como un cabello bien arreglado y una apariencia adecuada.

3.3.5 Verificar que todo funcione adecuadamente

En una entrevista *online*, los aspectos técnicos tienen mucha relevancia. Un fallo técnico puede interrumpir el flujo de la conversación y provocar un estrés improcedente.

- **Comprobar la conexión a internet:** asegurarse de que la conexión a la red sea estable y no se produzcan interrupciones. Siempre que se pueda, emplear una conexión por cable para obtener una mayor estabilidad.

- **Revisar el audio:** verifica que el micrófono funcione adecuadamente y que el interlocutor pueda escuchar al candidato con claridad. Emplear auriculares es una buena opción para limitar el eco o el ruido de fondo.

- **Limpiar y ajustar la *webcam*:** comprobar que la cámara se encuentre limpia y que la imagen aparezca nítida. Ajustar la distancia para que el rostro se halle centrado y a una distancia correcta.

Es conveniente efectuar una prueba final antes de la entrevista, realizando una videollamada de prueba con un amigo o familiar.

3.3.6. Cuida el lenguaje no verbal

Si bien en una entrevista virtual los elementos no verbales resultan menos evidentes, los mismos mantienen su importancia para transmitir confianza y entusiasmo.

- **Sostener una postura erguida:** una postura adecuada genera seguridad y profesionalismo.

- **Sonreír de forma natural:** una sonrisa genuina comunica entusiasmo y apertura.

- **Evitar distracciones:** no tocarse el rostro ni jugar con objetos cercanos. Estas acciones pueden distraer y disminuir la profesionalidad transmitida.

3.3.7. Resaltar el dominio de idiomas

Si se conoce otro idioma relevante para el puesto, es oportuno demostrarlo durante la entrevista. Pueden citarse certificaciones o experiencias internacionales y emplear expresiones en dicho idioma cuando sea preciso.

3.3.8. Respetar los turnos de palabra

La comunicación durante una videoconferencia puede verse afectada debido a desfases técnicos. Es necesario ser paciente y evitar interrumpir al seleccionador, debe esperarse unos segundos después de que termine el mismo de hablar antes de responder.

3.3.9. Mantener el contacto visual

Durante una entrevista *online*, el contacto visual no resulta tan directo como en una entrevista presencial, para mejorar el mismo se aconseja mirar directamente a la cámara mientras se está hablando y situar el monitor a la altura de los ojos para que la postura sea más cómoda y profesional.

3.3.10. Analizar el desarrollo de la entrevista

Si es posible grabar la entrevista, debe revisarse para identificar áreas de mejora. Comprobar el tono de voz, el lenguaje no verbal, así como la claridad en las respuestas con el objetivo de ajustar lo necesario de cara a futuras entrevistas.

Ventajas y desventajas de las entrevistas *online*

Ventajas:

1. Flexibilidad de horarios y ubicaciones.

2. Posibilidad de grabar la entrevista para análisis posterior.

Desventajas:

1. Dificultades técnicas derivadas de problemas de conexión o incorrecto funcionamiento del micrófono o la cámara.

2. Más reducida conexión emocional con el entrevistador y pérdida de determinados matices de la comunicación en persona.

3.4. Análisis y comparación de las ofertas de empleo seleccionadas

Recibir diversas ofertas de empleo aparece como un gran logro, aunque igualmente puede convertirse en un dilema relevante. ¿Cómo determinar cuál es la mejor opción? ¿Cómo optar entre dos o más oportunidades que aparentemente resultan igual de atractivas? Adoptar la decisión adecuada implica analizar cuidadosamente distintos criterios, no solo en términos económicos, sino también considerando aspectos como el crecimiento profesional, la conciliación entre la vida personal y laboral, y la cultura organizacional.

Entre los factores clave que deben tenerse en cuenta para tomar una decisión informada y seleccionar el empleo que mejor se adapte a las necesidades y objetivos del candidato se encuentran los siguientes:

3.4.1. Salario y beneficios

El salario es, como es obvio, un factor clave, pero no debe ser el criterio exclusivo. Frecuentemente, otros beneficios y compensaciones pueden igualar o incluso superar una oferta con un salario base más elevado.

Aspectos que se deben comparar:

- **Salario base:** debe considerarse la cantidad monetaria y tener en cuenta el costo de vida en el lugar en el que se sitúa la empresa.

- **Bonificaciones e incentivos:** conocer si la empresa ofrece bonificaciones por alcanzar objetivos, participación en beneficios o percepción de comisiones.

- **Prestaciones adicionales:** analizar si se incluyen beneficios tales como seguro médico privado, planes de pensiones, reembolsos por transporte o alimentación o descuentos en compras.

- **Días de vacaciones y permisos:** algunos empleos ofrecen más extensión en cuanto a vacaciones pagadas o licencias por diversos motivos.

- **Ayudas para formación o desarrollo profesional:** algunas empresas cubren o subvencionan cursos, certificaciones o programas educativos tanto para el trabajador como para su familia.

Si bien el salario es importante, los beneficios totales en muchos casos pueden tener un impacto significativo en la calidad de vida del trabajador.

3.4.2. Crecimiento profesional

Un empleo no debería ser únicamente un trabajo, sino igualmente una oportunidad para crecer y avanzar en la carrera profesional. Deben estudiarse las posibilidades que cada oferta plantea en este sentido.

Criterios que hay que tener en cuenta:

- **Promoción interna:** estudiar si la empresa cuenta con políticas claras de promoción interna y si fomenta el crecimiento profesional de sus trabajadores.

- **Formación continua:** ¿la empresa ofrece a sus empleados programas de capacitación o desarrollo? ¿Contribuirá a adquirir nuevas habilidades?

- **Proyección futura:** determinar cómo ese empleo encaja con las metas profesionales del candidato a largo plazo.

Un empleo con oportunidades limitadas de crecimiento puede derivar en un estancamiento a largo plazo, mientras que otro que fomente el desarrollo profesional podría ser más interesante incluso si el salario inicial es más bajo.

3.4.3. Cultura de la empresa y valores

La compatibilidad con la cultura y valores de una empresa puede representar la diferencia entre sentirse satisfecho o sufrir insatisfacción en un puesto de trabajo.

Aspectos clave:

- **Misión y visión:** ¿el candidato se encuentra alineado con los objetivos y valores de la empresa?

- **Ambiente de trabajo:** informarse cómo es el clima laboral. Es posible leer opiniones en plataformas como Glassdoor o similares.

- **Diversidad e inclusión:** valorar si la empresa dispone de políticas que promuevan la diversidad, la igualdad de oportunidades y un entorno inclusivo.

- **Estilo de liderazgo:** ¿prefiere el candidato un liderazgo más colaborativo o uno más jerárquico? El estilo de liderazgo de una empresa puede resultar enormemente influyente en la experiencia diaria del trabajador.

Desempeñar la jornada laboral en un lugar cuya cultura no se alinee con los valores o personalidad del candidato podría afectar negativamente su motivación y felicidad a largo plazo.

3.4.4. Conciliación entre vida personal y laboral

La conciliación entre vida personal y profesional es un factor fundamental que con frecuencia se pasa por alto en el proceso de toma de decisiones.

Puntos que hay que tener en cuenta:

- **Horario laboral:** tener en cuenta si las horas de trabajo son las establecidas en el convenio colectivo y si hay flexibilidad para manejar imprevistos.

- **Política de trabajo remoto:** muchas empresas actualmente ofrecen opciones híbridas o completamente remotas. ¿Se adapta esta política laboral al estilo de vida del candidato?

- **Distancia y transporte:** tener en cuenta cuánto tiempo se invertirá en desplazarse y si la empresa cubre los posibles gastos de transporte.

- **Cultura de horas extra:** algunas empresas cuentan con expectativas poco saludables con relación al trabajo fuera de horario. Es importante conocer este aspecto antes de tomar una decisión.

Figura 3.4. Un empleo que suponga excesiva carga de trabajo puede provocar rápidamente estrés y agotamiento en el trabajador, afectando a su bienestar general.

3.4.5. Ubicación y estilo de vida

La localización del lugar de trabajo puede influir de manera importante en la calidad de vida del trabajador y en los costos asociados al empleo.

Factores que hay que evaluar:

- **Ubicación geográfica:** si el trabajo es presencial, debe estudiarse si se encuentra cerca de casa o si sería preciso tener que mudarse.

- **Costo de vida:** comparar el salario ofrecido con el costo de vida en la ciudad o región donde se encuentra ubicada la empresa.

- **Opciones de transporte:** verificar que la ubicación sea accesible mediante transporte público o si se precisa disponer de un vehículo propio.

- **Estilo de vida local:** si el candidato opta por mudarse, debería conocer las opciones de ocio, educación, vivienda y servicios en la zona.

3.4.6. Reputación de la empresa u organización

La reputación de una empresa puede ofrecer información relevante sobre qué esperar como empleado.

Preguntas clave:

- **¿Cómo es percibida la empresa en su sector?** Una empresa sólidamente establecida en su sector o en la comunidad y con prestigio puede tener una gran influencia positiva en tu currículum.

- **¿Cómo trata la empresa a sus empleados?** Es clave revisar reseñas de empleados actuales y anteriores en plataformas de internet para conocer la realidad sobre el ambiente laboral.

- **¿Es una empresa estable financieramente?** Se recomienda verificar que la empresa tenga estabilidad financiera para evitar situaciones no deseables como despidos o recortes.

3.4.7. Proyecto específico

Más allá de las cuestiones generales, es importante analizar detalladamente las tareas y responsabilidades vinculadas con el puesto.

Cuestiones clave:

- **Compatibilidad con los intereses del candidato:** ¿es de su interés el tipo de trabajo que se realizará en la empresa?

- **Grado de responsabilidad:** es importante verificar que las expectativas sean claras, así como alcanzables.

- **Potencial de innovación o impacto:** ¿el empleo permitirá al futuro trabajador desarrollar proyectos interesantes?

  Un puesto que se ajuste a tus intereses y habilidades tendrá un impacto positivo en tu motivación y desempeño.

3.4.8. Estabilidad y futuro de la empresa

La estabilidad con la que cuente la empresa y su capacidad para crecer o adaptarse a los cambios del mercado son elementos fundamentales que pueden influir en la duración y calidad de la experiencia laboral.

Aspectos que se deben investigar:

- **Tendencias del mercado:** comprobar si la industria en la que desarrolla su actividad la empresa tiene un crecimiento prometedor o se halla en una fase de declive.

- **Innovación y adaptabilidad:** analizar si la empresa invierte en tecnología, expansión o nuevos productos, tanto en el ámbito de tecnología como de instalaciones o maquinaria.

- **Seguridad laboral:** analizar si la empresa es conocida por ofrecer estabilidad a sus empleados.

Elegir entre varias ofertas de empleo es una decisión importante que no debe tomarse a la ligera. Debe redactarse una lista de prioridades fundadas en las metas profesionales y personales del candidato. Más adelante, asignar un peso a cada uno de los criterios y comparar las ofertas utilizando esta escala. Hablar con mentores, amigos o familiares también puede ayudar a obtener distintas perspectivas.

Hay que considerar que no existe una oferta de trabajo «perfecta»: sin embargo, el empleo ideal será aquel que mejor se alinee con los objetivos, valores y necesidades actuales del candidato. Sea cual sea la decisión que se adopte, hay que asegurarse de que permita crecer como profesional y disfrutar de una vida equilibrada.

ACTIVIDADES FINALES

CUESTIONARIO DE CONOCIMIENTOS

1.1. **¿Cuál es el objetivo del módulo de formación sobre competencias digitales?**

a. Aprender a programar en diferentes lenguajes.

b. Adquirir habilidades digitales para la búsqueda de empleo.

c. Mejorar las habilidades manuales.

1.2. **¿Cuál de los siguientes es un formato de currículum que enfatiza la experiencia laboral en orden cronológico?**

a. Formato cronológico.

b. Formato funcional.

c. Formato creativo.

1.3. **¿Qué ventaja tiene el formato funcional o temático?**

a. Resalta la experiencia laboral reciente.

b. Indica el progreso profesional de manera clara.

c. Permite resaltar habilidades independientemente de la trayectoria laboral.

1.4. **El formato mixto de currículum combina elementos de los formatos:**

a. Funcional y creativo.

b. Funcional y cronológico.

c. Cronológico y europeo.

1.5. **¿Para quién es más adecuado el formato creativo de currículum?**

a. Profesionales en industrias de diseño o tecnología.

b. Profesionales en trabajos administrativos.

c. Personas que buscan trabajo en finanzas.

1.6. **El formato Europass es especialmente útil para:**

a. Buscar empleo de ámbito nacional.

b. Crear currículums complejos.

c. Comparar perfiles laborales en diferentes países europeos.

1.7. **Uno de los consejos para escribir una carta de presentación efectiva es:**

a. Usar un lenguaje técnico complicado.

b. Resaltar la motivación para el puesto de trabajo.

c. No hacer referencia al currículum.

ACTIVIDADES FINALES

1.8. **¿Qué elemento es crucial para mejorar el posicionamiento en los sistemas ATS?**

a. Utilizar formatos de diseño visual.

b. Hacer un currículum lo más extenso posible.

c. Incluir palabras clave relevantes del anuncio de empleo.

1.9. **Para evitar errores en el currículum, se recomienda:**

a. Usar herramientas de corrección ortográfica.

b. No revisarlo antes de enviarlo.

c. Escribirlo en un idioma diferente.

1.10. **¿Cuál es la función principal del currículum?**

a. Ser un documento legal.

b. Comunicar las capacidades y experiencias de un candidato a un posible empleador.

c. Eliminar la necesidad de entrevistas de trabajo.

ACTIVIDADES PRÁCTICAS

1.1. Accede a la página web de una empresa de trabajo temporal y date de alta como usuario de esta.

1.2. Regístrate en la página web de un portal de empleo como demandante de trabajo cumplimentando los datos requeridos.

1.3. Realiza una búsqueda de un empleo de tu interés en la página web del Servicio de Empleo de tu comunidad autónoma y compara alguna de las ofertas que encuentres, señalando las principales diferencias entre ellas.

Módulo 2

Competencias digitales básicas para el empleo por cuenta propia

En el momento presente, las tecnologías digitales no solo están transformando el modo en que las personas interactúan y se comunican, sino también la forma en que se trabaja y se desarrollan los negocios. Adquirir habilidades tecnológicas digitales para la compra y venta de bienes, productos y servicios es, sin ninguna duda, una herramienta fundamental para los individuos interesadas en emprender y trabajar por cuenta propia. Estas competencias no solo permiten la existencia de nuevas oportunidades laborales, sino que, del mismo modo, permiten a los emprendedores conectarse con mercados globales, optimizar sus procesos y acceder a nuevos clientes de manera más eficiente.

El entorno digital ofrece una diversidad de herramientas que facilitan la creación, gestión y crecimiento de múltiples clases de negocios. Desde plataformas de comercio electrónico hasta estrategias de marketing digital, estas tecnologías permiten incrementar la posibilidad de éxito en el empleo por cuenta propia. Conocer la forma de emplearlas no solo se transforma en una ventaja competitiva, sino una necesidad en un mercado laboral que se halla en constante evolución.

Objetivo

Comprender la importancia de las competencias digitales en el trabajo por cuenta propia, analizando cómo las tecnologías digitales facilitan la creación, gestión y crecimiento de negocios, y potencian la conexión con mercados y clientes en un entorno laboral en constante cambio.

Duración

13 horas.

Adquisición de bienes, productos y servicios a través de webs y plataformas de comercio electrónico

En la era de la digitalización, la compra de bienes, productos y servicios mediante plataformas de comercio electrónico se ha convertido en una actividad cotidiana y básica para multitud de perso nas a lo largo de todo el mundo. Este modelo de compra no solo ha transformado la experiencia de compra del consumidor, sino que también ha modificado el modo en que las empresas ofrecen sus productos, accediendo a clientes de cualquier área geográfica con solo unos clics.

Las plataformas de comercio electrónico, como tiendas en línea, marketplaces y aplicaciones móviles, facilitan el acceso a una extensa variedad de bienes y servicios, desde productos de uso cotidiano hasta soluciones especializadas. Este entorno digital, además de facilitar la comparación de precios y de la comodidad que supone realizar transacciones desde cualquier lugar, sino que también permite recibir recomendaciones basadas en los intereses del usuario.

1.1. Identificación de las necesidades de compra en relación con las propias necesidades

El comercio electrónico ha transformado el modo en que las personas adquieren productos o servicios, generando una experiencia rápida, flexible y adaptada a las necesidades de los clientes. No obstante, para que las tiendas online resulten verdaderamente exitosas, es básico que identifiquen de modo preciso las necesidades de compra de sus clientes. Solo de ese modo podrán ofrecer productos y servicios que respondan a las expectativas del cliente y, a la vez, generen lealtad y satisfacción en el largo plazo.

1.1.1. ¿Cómo se definen las necesidades de compra y por qué razón son importantes?

Las necesidades de compra suponen la serie de deseos, problemas y expectativas que llevan a un cliente a buscar y adquirir un producto o servicio. Estas necesidades pueden clasificarse en prácticas, emocionales o incluso aspiracionales, y varían según factores como la demografía, los intereses y las circunstancias del consumidor.

Tipos de Necesidades de Compra

Las motivaciones pueden clasificarse siguiendo a Abraham Maslow, de este modo:

- Motivaciones fisiológicas: básicas en la persona, tienen un carácter biológico y hacen referencia a la supervivencia de la persona (comer, beber, respirar, evitar el dolor, descansar). Entre las motivaciones que aquí se engloban están las de alimentarse, la de mantener una temperatura correcta (ropa) o la de descansar.

- Seguridad: hacen referencia a la satisfacción en tiempos futuros, como es la de tener una vivienda, educación, salud, una cierta estabilidad económica o tener seguros que cubran determinadas eventualidades.

- Sociales: pertenencia a un grupo social, afecto, evitar la soledad, sentirse integrado en la sociedad y aceptado tal y como es personalmente.

- Estima: referida a la tendencia de la persona a destacar por encima del conjunto de los demás o de ser tenido en cuenta con un status determinado, reconociéndosele sus méritos y sentirse seguro de sí mismo y con un valor en la sociedad. Existen la necesidad superior que hace referencia al respeto propio (capacidad, estima o independencia) y una inferior que se refiere al respeto y estima por parte de los demás.

■ Auto-realización: hacen referencia al crecimiento personal, maximizando su potencial mediante el ejercicio de una actividad concreta en la cual se destaque de un modo especial.

Comprender y satisfacer estas necesidades no únicamente permite potenciar las ventas, sino que también ayuda a generar una relación sólida y de confianza entre el cliente por un lado y la marca por otro.

1.1.2. Herramientas para identificar las necesidades del cliente en comercio electrónico

La identificación de las necesidades de compra del cliente es un proceso clave que requiere el uso de herramientas y tecnologías avanzadas. Aquí se indican algunas de las más relevantes:

A. Análisis de datos y big data

El comercio electrónico da lugar a una enorme cantidad de datos relacionados con el comportamiento de los clientes. Estos datos pueden analizarse para detectar tanto patrones como tendencias y preferencias.

– **Datos clave**: Historial de compras, clics realizados, búsquedas efectuadas, tiempo que se permanece en la página web comercial.

– **Beneficio**: Señala los productos más populares, las preferencias de pago personales y las necesidades no satisfechas.

B. Encuestas y opiniones de clientes

Las encuestas y las reseñas dan lugar a una visión directa de lo que los clientes quieren y esperan.

– **Ejemplo**: Consultar a los usuarios qué características les gustaría encontrarse en nuevos productos o qué aspectos de la experiencia de compra deberían mejorarse o qué servicios sería aconsejable implementar.

Figura 1.1. Es básico conocer las necesidades del cliente para adaptar a las mismas la oferta comercial de las empresas.

C. Personalización a través de inteligencia artificial

El empleo de algoritmos de IA permite analizar el comportamiento de cada cliente de forma individual y presentar recomendaciones personalizadas.

– **Ejemplo**: Plataformas comerciales como Amazon muestran productos al cliente como sugerencias basadas en las búsquedas y compras anteriores.

D. Monitorización de redes sociales

Las redes sociales se convierten en una ventana a la forma de pensar, a las opiniones y las necesidades de los consumidores.

– **Técnica**: Emplear herramientas de "social listening" para rastrear conversaciones, tendencias y opiniones sobre productos que sirven de guía para conocer los deseos de los clientes.

E. Pruebas y experimentos

Efectuar pruebas con distintas versiones de una página web o con diversas estrategias comerciales ayuda a entender qué funciona mejor para cada tipo de cliente.

– **Ejemplo**: Comparar dos diseños de página web para determinar cuál genera más ventas.

1.1.3. De qué manera relacionar las necesidades del cliente con los productos y servicios ofrecidos por la empresa

Tras haber identificado las necesidades del cliente, la siguiente fase es vincularlas con la oferta de productos o servicios con los que cuenta la empresa de manera efectiva. Ello incluye:

A. Categorizar y segmentar clientes

No todos los clientes cuentan con las mismas prioridades. Agrupándolos de acuerdo a factores demográficos, intereses o comportamientos, las empresas pueden ofrecer soluciones más ajustadas a sus necesidades.

– **Ejemplo**: Ofrecer promociones específicas a compradores habituales diferenciándolas de los nuevos clientes.

B. Ofrecer soluciones, no productos

Los clientes no buscan fundamentalmente artículos, sino respuestas o soluciones a sus problemas. Es fundamental comunicar de qué forma los productos satisfacen sus necesidades.

– **Ejemplo**: En vez de vender "zapatillas deportivas con las características A,B,C y D", es más adecuado destacar que son recomendables para "mejorar el rendimiento durante las carreras largas".

C. Diseño de una experiencia integral

Desde la navegación en la web comercial hasta el proceso de pago, cada etapa ha de estar diseñada para facilitar la satisfacción del cliente.

- **Ejemplo**: Incorporar descripciones claras, opiniones de otros usuarios y opciones de devolución para incrementar la confianza en la compra.

1.1.4. La importancia de la experiencia personalizada

En la actualidad, los consumidores buscan experiencias personalizadas que se adapten a sus necesidades y preferencias específicas. Ofrecer esta personalización no solo incrementará las tasas de conversión, sino que igualmente genera lealtad de los clientes con la marca.

Aspectos clave de la personalización:

- **Recomendaciones de productos o servicios**: Fundadas en compras o búsquedas anteriores.

- **Ofertas exclusivas**: Promociones personalizadas para clientes en función de su perfil personal o historial de compras.

- **Mensajes segmentados**: Correos electrónicos y notificaciones que reflejen los intereses individuales del cliente.

1.1.5. Beneficios de identificar y satisfacer necesidades del cliente

Las empresas que priorizan la identificación de necesidades y personalizan su oferta consiguen diversas ventajas competitivas:

- **Aumento de las ventas**: Ofrecer productos que realmente interesen aumenta la probabilidad de conversión.

- **Mejora de la satisfacción del cliente**: Resolver problemas concretos genera clientes más satisfechos y leales.

- **Fidelización**: Los clientes satisfechos tienden a regresar y a recomendar la web comercial.

- **Diferenciación competitiva**: Comprender mejor a los clientes puede ser un factor diferencial frente a la competencia.

- **Optimización de inventarios**: Conocer las demandas del cliente contribuye a reducir la acumulación de productos innecesarios.

1.1.6. Retos en la Identificación de Necesidades

A pesar de sus ventajas, identificar las necesidades del cliente en comercio electrónico presenta algunos desafíos:

- **Datos incompletos**: No todos los clientes comparten con la tienda un nivel de información suficiente para comprender sus necesidades.

- **Modificaciones en las preferencias**: Los hábitos de compra de cada cliente concreto pueden cambiar rápidamente, dificultando el seguimiento.

- **Privacidad de los datos personales**: Las empresas deben equilibrar el deseo de personalización con el respeto por la privacidad de los usuarios impuesta por la legislación sobre protección de datos de carácter personal.

1.2. Manejo de la terminología utilizada en el ámbito digital del comercio electrónico

El comercio electrónico ha modificado de manera radical la forma en que las empresas y los consumidores interactúan dentro del mundo digital. No obstante, para aprovechar al máximo las oportunidades que este ofrece, resulta fundamental comprender y manejar la terminología utilizada en este sector. Desde conceptos básicos como "marketplace" hasta herramientasmucho más avanzadas como "personalización impulsada por IA", el comercio electrónico está lleno de términos que los empresarios, profesionales y consumidores conviene que conozcan.

Conceptos fundamentales del comercio electrónico:

A. Comercio Electrónico (E-commerce)

Es la adquisición y venta de bienes, productos y servicios mediante plataformas digitales, tales como sitios web o aplicaciones móviles.

- **Ejemplo**: Adquirir ropa en una tienda en línea como Zara o productos tecnológicos en Apple Store.

B. Marketplace

Es una plataforma digital donde diversos vendedores pueden ofrecer sus productos a compradores. Los marketplaces actúan como intermediarios entre ambas partes.

- **Ejemplo**: Etsy es un marketplace que permite a emprendedores vender productos hechos a mano o vintage.

C. Carrito de compras (Shopping cart)

Una funcionalidad presente en las páginas web de comercio electrónico que permite a los usuarios seleccionar y almacenar de forma temporal productos que desean comprar.

– **Ejemplo**: Al navegar por Amazon, puedes añadir zapatillas al carrito y continuar explorando antes de finalizar la compra.

D. Gateway de Pago (Payment gateway)

Es un servicio que procesa pagos realizados en línea mediante tarjetas de crédito, débito u otros métodos electrónicos.

– **Ejemplo**: PayPal, Stripe y Square son gateways de pago populares que aseguran transacciones rápidas y seguras.

E. Dropshipping

Es un modelo de negocio en el que el vendedor no almacena los productos que vende, sino que los compra a un proveedor solo cuando el cliente realiza una compra.

– **Ejemplo**: Un emprendedor vende mochilas en Shopify y el proveedor las envía directamente al cliente sin pasar por sus manos.

1.3. Tecnologías y estrategias digitales en el comercio electrónico

A. Optimización para Motores de Búsqueda (Search Engine Optimization, SEO, por sus siglas en inglés)

Estrategia para mejorar la visibilidad de un sitio web en los resultados de búsqueda de Google o Bing, incrementando el tráfico orgánico (número de visitantes del sitio web que proceden de resultados no pagados de motores de búsqueda).

– **Ejemplo**: Una tienda de camisetas de fútbol podría optimizar su web para términos como "camisetas de fútbol baratas".

B. Análisis de tráfico (Web Analytics)

El estudio de datos sobre los visitantes de un sitio web, como su comportamiento, origen y preferencias.

– **Ejemplo**: Google Analytics permite rastrear cuántos usuarios visitan tu tienda en línea y qué productos resultan más interesantes para los visitantes de la web.

C. Tasa de conversión (Conversion rate)

Es el porcentaje de visitantes que efectúan una acción deseada en el sitio web, como una adquisición o el registro como clientes.

– **Ejemplo**: Si 1 de cada 20 visitantes compra un producto, la tasa de conversión es del 5 %.

D. Email Marketing

Estrategia digital que emplea correos electrónicos para promocionar productos, informar sobre novedades y buscar la fidelización de los clientes.

– **Ejemplo**: Un cliente recibe un correo con el asunto "¡Oferta solo para clientes! 30 % de descuento en tu próxima compra".

Figura 1.2. El Email Marketing es un factor clave de la práctica comercial actual.

E. Omnicanalidad

Estrategia que integra la totalidad de los canales de comunicación y venta (tienda física, online, redes sociales) para generar una experiencia coherente.

– **Ejemplo**: Un cliente puede buscar un producto en la web de Decathlon y recogerlo en la tienda física que le resulte más cercana.

F. Personalización

Consiste en el uso de datos de los clientes para ofrecer recomendaciones o contenido personalizado de acuerdo a sus preferencias individuales.

– **Ejemplo**: Amazon sugiere al cliente productos vinculados con los artículos que el mismo ha comprado con anterioridad.

1.3.1. Modelos de comercio electrónico

A. B2B (Business to Business)

Transacciones que tienen lugar entre empresas.

– **Ejemplo**: Una fábrica de papel vende materias primas a una empresa de impresión.

B. B2C (Business to Consumer)

Transacciones que se realizan entre una empresa y consumidores finales.

– **Ejemplo**: Una tienda en línea de cosméticos que vende directamente a los clientes.

C. C2C (Consumer to Consumer)

Transacciones directas entre consumidores, habitualmente de plataformas inter-mediarias.

– **Ejemplo**: Un usuario vende ropa usada a través de Wallapop a otro consumidor.

D. C2B (Consumer to Business)

Los consumidores ofrecen bienes o servicios a las empresas.

– **Ejemplo**: Un diseñador gráfico independiente vende sus creaciones a una agen-cia publicitaria.

1.3.2. Herramientas y términos técnicos

A. API (Application Programming Interface)

Un conjunto de reglas y protocolos que permiten que diferentes softwares se co-muniquen entre sí.

– **Ejemplo**: Una API permite integrar un sistema de gestión de inventario con un marketplace como Amazon.

B. UX (User Experience)

La experiencia del usuario que se deriva de interactuar con un sitio o aplicación. Una buena UX es fundamental para retener clientes.

– **Ejemplo**: Un sitio de e-commerce con navegación sencilla, amigable con el cliente y proceso de pago rápido mejora la UX del cliente.

C. Checkout

Es el proceso final de compra en un sitio web donde el cliente ingresa la informa-ción necesaria para efectuar el pago así como la dirección de envío.

– **Ejemplo**: En Nike.com, el "checkout" muestra las opciones de pago y envíos an-tes de confirmar la compra.

1.3.3. Terminología relacionada con publicidad en comercio electrónico

A. PPC (Pago por Clic)

Modelo publicitario donde se paga solo cuando el usuario realiza un clic en el anuncio.

– **Ejemplo**: Anuncios de Google Ads que aparecen al buscar el término "coches baratos de segunda mano en Madrid".

B. Retargeting

Técnica publicitaria que muestra anuncios a personas que han visitado el sitio web pero no han completado la acción deseada por el titular de la página web (como por ejemplo, completar una compra).

— **Ejemplo**: Un cliente recibe en su correo electrónico un recordatorio de que ha agregado un camisa al carrito de compra, pero no ha terminado la compra.

D. Marketing de afiliados

Promoción de productos o servicios de una empresa por parte de un intermediario que recibe el nombre de afiliado, que recibe una comisión por cada venta generada.

— **Ejemplo**: Un blog de moda incluye un enlace de afiliado a productos de Massimo Dutti.

1.4. Utilización del sistema de búsqueda de las propias plataformas de comercio electrónico para encontrar bienes y productos

El comercio electrónico se ha consolidado en la actualidad como una de las formas más empleadas y cómodas para realizar compras. No obstante, navegar por las páginas web de comercio electrónico y realizar adquisiciones de bienes o servicios en las mismas requiere de una serie de habilidades específicas y una determinada dosis de precaución para garantizar una experiencia segura y satisfactoria. Desde la incorporación de información personal hasta la verificación de la autenticidad de la página web de los vendedores, los clientes online deben actuar con criterio y conocimiento para evitar errores o riesgos.

Las principales habilidades son las siguientes:

A. Conocimiento básico de tecnología

La habilidad de interactuar con páginas web o app móviles y comprender su funcionamiento básico es fundamental para usar plataformas de comercio electrónico. Esto hace referencia a conocer cómo navegar por un sitio web, buscar productos, añadirlos al carrito y culminar el proceso de pago.

— **Ejemplo**: Conocer el uso de los botones clave como "Comprar ahora", "Añadir al carrito" o "Finalizar pedido" en plataformas de comercio web como Amazon o Alibaba.

B. Capacidad para llevar a cabo búsquedas eficientes

Uno de los grandes beneficios del comercio electrónico es la posibilidad de comparar productos y precios. Para aprovechar al máximo esta ventaja, los usuarios

© Ediciones Paraninfo

deben desarrollar la capacidad de realizar búsquedas eficientes a través de la correcta utilización de las palabras clave.

- **Estrategias**:
    - Emplear descripciones específicas: "zapatillas deportivas para correr mujer" en lugar de solo "zapatillas".
    - Filtrar por parámetros importantes como precio, porcentaje de descuento, marca o disponibilidad.

C. Gestión de la información personal

Con el incremento del número de transacciones digitales, los usuarios han de ser conscientes de la importancia de un manejo correcto de su información personal y financiera. Saber qué datos compartir y cómo protegerlos resulta fundamental.

- **Consejos**:
    - Proporcionar únicamente la información mínima necesaria para completar una compra.
    - Para incrementar la seguridad, pueden emplearse métodos de pago seguros como PayPal o tarjetas virtuales temporales.

Figura 1.3. PayPal es un medio de pago online que ofrece seguridad adicional al comprador.

D. Lectura y comprensión de términos y condiciones

Antes de realizar una compra, es importante que los usuarios revisen los términos y condiciones de la tienda en línea, o, al menos, de sus puntos más relevantes Esto incluye políticas de envío, devoluciones y garantías.

- **Ejemplo práctico**: Leer la política de devoluciones para conocer el plazo de desestimiento en la compra de un producto o servicio.

E. Evaluación de comentarios y opiniones

Las reseñas de otros compradores son una fuente valiosa de información acerca de la calidad de un producto o servicio o de la fiabilidad de un vendedor. Saber identificar reseñas auténticas distinguirlas de las falsas y evaluar su contenido es una habilidad crítica.

- **Sugerencia**: Prestar atención a las reseñas más detalladas que incorporen fotos o explicaciones del uso del producto.

F. Uso de cupones y ofertas

Aprovechar descuentos y promociones permitirá aplicar códigos promocionales, así como identificar ofertas interesantes.

— **Ejemplo práctico**: Visitar páginas como Honey o RetailMeNot para conseguir códigos de descuento que pueden emplearse para conseguir descuentos en una compra.

G. Adaptación dentro de un entorno multicanal

Las compras electrónicas se desarrollan tanto en ordenadores, como en tabletas o, cada vez más, desde smartphones. Los comerciantes han de adaptarse y hacer más sencillo para el usuario el empleo de estas diferentes plataformas.

— **Ejemplo práctico**: Usar aplicaciones móviles de comercio electrónico, como la app de Amazon, que permite comprar desde el smartphone de manera sencilla.

1.4.1. Precauciones básicas al utilizar páginas de comercio electrónico

Aunque existen numerosas páginas web de comercio electrónico confiables y pertenecientes a empresas de plena seriedad, existen riesgos asociados con fraudes, robos de información y engaños, a lo que debe añadirse la existencia de páginas web directamente fraudulentas Por ello, los usuarios deben actuar con precaución para protegerse.

A. Verificación de la autenticidad del sitio web

Antes de llevar a cabo cualquier transacción comercial, es esencial verificar que la página web es legítima y que el vendedor es confiable.

— **Criterios a tener en cuenta**:

- La URL debe comenzar con "https://" (que indica conexión segura).

- Verificar que el dominio corresponda al nombre oficial del negocio (por ejemplo, www.elcorteingles.es en lugar de una variación sospechosa como sería www.corteingles.es).

- Buscar sellos de seguridad, como el de "Certificado SSL".

B. Precaución con ofertas demasiado buenas para resultar verdaderas

Si una oferta parece excesivamente atractiva, se hace preciso investigar más a fondo. Los precios increíblemente bajos a menudo representan un indicativo de productos falsificados o estafas.

— **Ejemplo de precaución**: Evitar comprar un teléfono de última generación a un precio rotundamente inferior al del mercado en una página web desconocido.

C. **Protección de datos financieros**

Evitar proporcionar datos financieros directamente en sitios web sospechosos resulta básico para prevenir fraudes. El uso de métodos de pago seguros es un elemento de seguridad fundamental.

— **Consejo**:

- Utilizar plataformas de pago seguras como PayPal o sistemas de pago que se encuentren encriptados.

- Evitar usar redes Wi-Fi públicas para llevar a cabo compras online.

D. **Evitar caer en phishing**

El phishing es un intento fraudulento de conseguir información confidencial, como contraseñas o números de tarjetas de crédito, mediante SMS, email o mensajes engañosos.

— **Cómo prevenirse**:

- No efectuar clic en enlaces de correos sospechosos.

- Revisar con atención la dirección de correo del remitente y los enlaces que se hallen incluidos.

E. **Verificar la política de privacidad**

Entender el modo en el que el sitio web maneja y protege la información personal es una medida básico para evitar el uso indebido de datos.

— **Sugerencia**: Verificar si la tienda web declara explícitamente no compartir datos con terceros no autorizados.

F. **Evaluar el tiempo de envío y los costos ocultos**

Uno de los problemas habituales en el comercio electrónico es recibir productos más tarde de lo que se estima inicialmente o descubrir costos adicionales con los que no se espera.

— **Recomendaciones**:

- Verificar los tiempos estimados de envío antes de realizar el pago.

- Confirmar si importes tales como los impuestos o tarifas de importación están incluidos en el precio.

G. **Contar con contraseñas fuertes**

Numerosas plataformas requieren la creación de una cuenta de usuario. Resulta fundamental utilizar contraseñas seguras y únicas para cada sitio web.

— **Consejo**:

- Combinar letras, números y símbolos en tus contraseñas.

- Cambiar las contraseñas periódicamente para conseguir mayor seguridad.

1.5. Descripción de las principales características de los medios de pago por internet

En el ámbito digital, los medios de pago por internet han evolucionado para ofrecer soluciones cada vez más rápidas, seguras y convenientes tanto para consumidores como para empresas. Estas herramientas permiten realizar transacciones electrónicas de forma eficiente y se han convertido en una parte esencial del comercio electrónico. No obstante, cada medio de pago tiene características propias que lo convierten en el más adecuado según las preferencias del usuario o los requisitos del negocio. A continuación, se indicarán las principales características de los medios de pago más habituales.

A. Pasarelas de pago

Las pasarelas de pago son servicios que funcionan como intermediarios entre el comprador, el vendedor y las entidades financieras en la realización de una transacción online. Aseguran la seguridad de los datos y facilita la realización de los pagos de manera rápida.

Características principales:

— **Seguridad avanzada:** Utilizan protocolos como SSL (Secure Sockets Layer) y encriptación para proteger la información financiera del usuario.

— **Interoperabilidad:** Son compatibles con diferentes métodos de pago, tales como tarjetas de crédito, débito y billeteras electrónicas.

— **Proceso sencillo:** Facilitan el pago en tiempo real mediante una interfaz amigable.

B. Tarjetas de crédito y débito

Son uno de los métodos de pago más empleados a nivel global.

Figura 1.4. Las tarjetas de crédito y débiro permiten a los usuarios realizar pagos directamente desde sus cuentas bancarias o mediante crédito otorgado por una institución financiera.

Características principales:

— **Aceptación generalizada:** Prácticamente todas las tiendas en línea aceptan tarjetas de crédito y débito.

— **Protección del consumidor:** Muchas tarjetas de crédito y débito ofrecen protección contra fraudes o devoluciones de cargos.

— **Opciones de financiamiento:** En el caso de las tarjetas de crédito, los usuarios pueden dividir el pago en cuotas, con el consiguiente pago de intereses.

C. Billeteras Digitales (Wallets)

Igualmente conocidas como "monederos electrónicos", estas plataformas almacenan información de pago del usuario y hacen más sencillo el proceso de compra en línea. Son especialmente útiles para quienes compran de forma frecuente en diferentes tiendas online.

Características principales:

— **Pago rápido:** Reducen el tiempo necesario para completar una transacción online al almacenar previamente los datos del cliente.

— **Funciones multidivisa:** Permite realizar transacciones en diferentes monedas.

D. Criptomonedas

Las criptomonedas son monedas digitales que operan en sistemas descentralizados basados en blockchain. Aunque en la actualidad no son tan habitual como otros métodos de pago, está incrementando su popularidad debido a su seguridad y características innovadoras.

Características principales:

— **Transparencia:** Todas las transacciones quedan registradas en una cadena de bloques (blockchain).

— **Descentralización:** No dependen de bancos centrales o instituciones financieras.

— **Anonimato:** Ofrecen un nivel superior de privacidad en comparación con otros métodos.

E. Pagos en línea mediante transferencias y débitos directos en la cuenta bancaria

Algunos clientes de tiendas online prefieren realizar sus pagos directamente desde sus cuentas bancarias.

Características principales:

— **Fiabilidad:** Ofrecen una conexión directa entre comprador y vendedor a través de bancos confiables.

— **Autenticación segura:** A menudo requieren autenticación de dos factores (2FA) para aprobar la transacción.

F. Pagos contra reembolso

Aunque menos utilizado en el comercio electrónico, este método sigue siendo relevante entre las personas cuya confianza en los pagos digitales es baja.

Características principales:

— **Pago al recibir el producto:** El cliente paga en efectivo o con tarjeta al recibir el pedido.

— **Mayor seguridad:** Los clientes tienen la confianza de verificar el producto antes de abonarlo.

G. Pagos con Código QR

Los códigos QR se están convirtiendo en una alternativa cada vez más popular para llevar a cabo transacciones de forma ágil en dispositivos móviles.

Características principales:

— **Facilidad de uso:** Solo requiere escanear un código con la cámara del smartphone.

— **Integración con billeteras digitales:** Vinculan cuentas previamente existentes para realizar pagos inmediatos.

1.6. Comercialización de bienes, productos y servicios en portales y plataformas de venta digitales

La comercialización de bienes, productos y servicios ha experimentado una transformación muy relevante gracias al auge de los portales y plataformas de venta online. Estas herramientas han revolucionado el modo en que las empresas y emprendedores interactúan con los consumidores, derribando barreras geográficas y ampliando las oportunidades de negocio. En el momento presente, cualquier persona, desde grandes corporaciones hasta pequeños emprendedores, puede acceder a un mercado global a través de plataformas digitales diseñadas para facilitar el comercio.

Desde marketplaces reconocidos como Amazon, eBay o Aliexpress, hasta plataformas especializadas y redes sociales con funciones de e-commerce, la digitalización ha simplificado la forma en que se comercializan los distintos productos o servicios. Esto no solo ofrece una mayor accesibilidad para los clientes, sino adicionalmente herramientas avanzadas como analíticas de mercado, personalización de las experiencias de compra y la disponibilidad de métodos de pago seguros.

1.6.1. Clasificación de los productos a vender según su tipología y naturaleza

Fn el comercio electrónico, una de las claves para lograr el éxito es organizar correctamente los productos en una página web. La clasificación adecuada no solo facilita la navegación para los usuarios, sino que también optimiza el proceso de búsqueda, mejora la experiencia del cliente y fomenta una mayor conversión. Al estructurar los productos, es esencial considerar su tipología y naturaleza, lo que permite crear categorías claras, lógicas y orientadas al usuario.

A. ¿Por qué resulta básica la clasificaclón de productos?

La clasificación de productos es fundamental por diversas causas:

— **Facilita la navegación:** Una estructura clara ayuda a los usuarios a encontrar rápidamente lo que buscan, evitando la posible frustración del cliente y el tiempo de búsqueda.

— **Optimiza la experiencia del cliente:** Una clasificación intuitiva mejora ante el cliente la percepción de profesionalismo de la página web e incrementa la fidelización del mismo.

— **Mejora el SEO:** Los motores de búsqueda premian las páginas que se encuentran bien organizadas, lo que puede elevar la visibilidad del sitio.

— **Aumenta las ventas:** Los productos organizados por tipología o naturaleza permiten ofrecer recomendaciones más relevantes para el cliente e incrementar las probabilidades de conversión.

B. Clasificación por tipología de productos

La clasificación por tipología encuentra su fundamento en las características específicas o funcionalidad de los productos. Este método agrupa los artículos de acuerdo con su uso, características o categoría general.

Ejemplos de clasificación por tipología:

— **Electrónica y tecnología:**

- Subcategorías: Teléfonos móviles, computadoras, tabletas, cámaras, accesorios tecnológicos.

— **Ropa y moda:**

- Subcategorías: Hombre, mujer, niños; además de prendas concretas como camisetas, vestidos, pantalones, accesorios.

— **Hogar y muebles:**

- Subcategorías: Salas, dormitorios, cocinas, iluminación, decoración.

— **Belleza y cuidado personal:**

- Subcategorías: Maquillaje, cuidado del cabello, cuidado de la piel, fragancias.

— **Deportes y actividades al aire libre:**

- Subcategorías: Bicicletas, ropa deportiva, equipos para deportes específicos.

C. **Clasificación por naturaleza del producto**

La clasificación por naturaleza tiene en cuenta aspectos intrínsecos del producto, tales como el material con el que están construidos, durabilidad, características físicas o categoría concreta.

Ejemplos de clasificación por naturaleza del producto:

— **Material del producto:**

- Clasificación según el material, como "madera", "vidrio", "plástico", "metal".

— **Productos frescos o perecederos:**

- Subcategorías: Frutas y verduras, carnes, productos lácteos, panadería.

— **Productos tangibles e intangibles:**

- Tangibles: Artículos físicos como electrodomésticos o ropa.

- Intangibles: Servicios, suscripciones, software descargable.

— **Naturaleza del consumo:**

- Productos de consumo rápido: Snacks, bebidas, productos de limpieza.

- Productos duraderos: Muebles, electrodomésticos.

— **Finalidad del uso:**

- Personal: Productos para uso individual como ropa o cuidado personal.

- Comercial: Productos orientados a negocios como equipos industriales.

D. **Mejores prácticas para clasificar productos dentro de una página web**

— **Categorías principales y subcategorías:**

- Divide los productos en grandes categorías principales y organiza subcategorías de acuerdo con la especificidad del producto.

— **Uso de filtros:**

- Permite al usuario filtrar productos por características adicionales como color, tamaño, precio o marca.

— **Etiquetas y búsquedas internas:**

- Emplea etiquetas claras que incorporan palabras clave para facilitar la búsqueda interna.

— **Facilitar la comparación:**

- Incorpora opciones para comparar productos dentro de la misma categoría.

— **Categorías dinámicas:**

- Añadir categorías temporales como "Promociones", "Nuevas llegadas" o "Productos más vendidos".

— **Imágenes y descripciones claras:**

- Cada categoría ha de disponer de imágenes de alta calidad y descripciones que informen al cliente sobre los productos incluidos en la misma.

E. **Ventajas de una clasificación adecuada**

— **Mejorar la experiencia de usuario (UX):** Los clientes encuentran lo que buscan con menor esfuerzo, incrementando la probabilidad de compra.

— **Incremento de ventas cruzadas:** Una clasificación clara permite presentar al cliente productos relacionados o complementarios con el que está comprando u observando.

— **Aumentar la fidelización del cliente:** Una página web comercial organizada genera confianza y mejora la percepción general del negocio.

— **Optimización SEO:** Categorías que se encuentren bien etiquetadas mejoran la visibilidad de la página en los motores de búsqueda.

1.6.2. Conocimientos elementales de los requisitos legales de compra y venta según la legislación vigente

El comercio electrónico ha demostrado ser una de las formas más innovadoras y accesibles de hacer negocios en la actualidad. Sin embargo, para operar una tienda online en España, resulta básico cumplir con un conjunto de normativas legales que garantizan la transparencia, la seguridad de los datos personales y el cumplimiento de las leyes comerciales. Entre estas normativas destaca la **Ley Orgánica de Protección de Datos (LOPD)** y su complemento en la Unión Europea, el **Reglamento General de Protección de Datos (RGPD)**, que regulan el tratamiento adecuado de la información personal. Además, se incluyen normativas específicas como la **Ley de Ordenación del Comercio Minorista**, que señala la normativa que regula la relación entre vendedores y compradores.

 **BOLETÍN OFICIAL DEL ESTADO**

Núm. 294	Jueves 6 de diciembre de 2018	Sec. I. Pág. 119788

I. DISPOSICIONES GENERALES

JEFATURA DEL ESTADO

16673 Ley Orgánica 3/2018, de 5 de diciembre, de Protección de Datos Personales y garantía de los derechos digitales.

FELIPE VI

REY DE ESPAÑA

A todos los que la presente vieren y entendieren.
Sabed: Que las Cortes Generales han aprobado y Yo vengo en sancionar la siguiente ley orgánica.

Figura 1.5. La Ley Orgánica 3/2018 es la norma fundamental en España sobre protección de datos de carácter personal.

1.6.2.1. Cumplimiento de la Ley Orgánica de Protecciónde Datos (LOPD) y el RGPD

La protección de los datos personales es uno de los aspectos clave en el comercio electrónico, dado que la interacción con los usuarios va a implicar la recolección y almacenamiento de información sensible. Para cumplir con la LOPD y el RGPD, las tiendas online deben adoptar las siguientes medidas y cumplir con las siguientes obligaciones legales:

A. Obtención de consentimiento expreso

Uno de los requisitos más importantes en la gestión de datos personales es que los clientes deben dar su consentimiento explícito antes de que sus datos sean utilizados con fines comerciales o publicitarios. Esto significa que:

— Los formularios de registro o suscripción deben incluir una casilla desmarcada por defecto que los usuarios deben marcar para aceptar recibir newsletters, promociones o cualquier otra comunicación comercial.

— No se puede usar el consentimiento implícito, como frases del tipo "Si continúa navegando, acepta recibir correos". El consentimiento ha de ser ser claro y verificable.

B. Gestión de la Baja de Comunicaciones

En todas las comunicaciones comerciales enviadas por correo electrónico (por ejemplo, newsletters), debe incluirse un enlace que permita al usuario darse de baja fácilmente y de forma automática. El proceso debe ser rápido y sin condiciones complicadas.

C. Notificación de ficheros a la Agencia Española de Protección de Datos (AEPD)

Todo comercio online que maneje datos de clientes, proveedores o empleados debe registrar los ficheros donde se almacena esta información en la AEPD. Este registro asegura que la tienda cumple con la normativa de tratamiento de datos personales.

¿Qué datos resultan relevantes?

– Datos de clientes (nombre, dirección, correo electrónico, historial de compras).

– Información de proveedores o empleados relacionados con la empresa.

D. Sección de política de privacidad

Es obligatorio incluir una sección dedicada a la **Política de Privacidad** en la página web. Esta página debe estar accesible desde cualquier lugar de la tienda y contener información detallada sobre:

– **Responsable del tratamiento:** Identidad de la persona física o jurídica que gestiona la web.

– **Finalidad del tratamiento:** Explicación clara del por qué se recogen datos personales y para qué se usarán (procesamiento de pedidos, envío de promociones, etc.).

– **Duración de la conservación:** Período durante el cual se almacenarán los datos personales.

– **Derechos ARCO:** Cómo los usuarios pueden ejercer sus derechos de acceso, rectificación, cancelación y oposición (por ejemplo, solicitando eliminar sus datos de la base).

– **Cesión de datos:** Indicar si los datos se comparten con terceros, como servicios de envíos, plataformas de pago o agencias de marketing.

1.6.3. Normativa sobre venta a distancia

En todas las comunicaciones comerciales a distancia deberá constar inequívocamente su carácter comercial.

En el caso de comunicaciones telefónicas, deberá precisarse explícita y claramente, al inicio de cualquier conversación con el consumidor y usuario, la identidad del empresario, o si procede, la identidad de la persona por cuenta de la cual efectúa la llamada, así como indicar la finalidad comercial de la misma. En ningún caso, las llamadas telefónicas se efectuarán antes de las 9 horas ni más tarde de las 21 horas ni festivos o fines de semana.

La utilización por parte del empresario de técnicas de comunicación que consistan en un sistema automatizado de llamadas sin intervención humana o el telefax necesitará el consentimiento expreso previo del consumidor y usuario.

El consumidor y usuario tendrá derecho a no recibir, sin su consentimiento, llamadas con fines de comunicación comercial que se efectúen mediante sistemas distintos de los referidos en el apartado anterior, cuando hubiera decidido no figurar en las guías de comunicaciones electrónicas disponibles al público, ejercido el derecho a que los datos que aparecen en ellas no sean utilizados con fines de publicidad o prospección comercial, o solicitado la incorporación a los ficheros comunes de exclusión de envío de comunicaciones comerciales regulados en la normativa de protección de datos personales.

El consumidor y usuario tendrá derecho a oponerse a recibir ofertas comerciales no deseadas, por teléfono, fax u otros medios de comunicación equivalente.

En el marco de una relación preexistente, el consumidor y usuario tendrá asimismo derecho a oponerse a recibir comunicaciones comerciales por correo electrónico u otro medio de comunicación electrónica equivalente. Debe ser informado en cada una de las comunicaciones comerciales de los medios sencillos y gratuitos para oponerse a recibirlas.

En el caso de los contratos celebrados en el contexto de visitas no solicitadas efectuadas por el empresario en el domicilio del consumidor o usuario o de excursiones organizadas por el empresario con el objetivo o efecto de promocionar o vender bienes o servicios, el plazo de desistimiento se amplía a treinta días naturales.

Serán nulas de pleno derecho las cláusulas que impongan al consumidor y usuario una penalización por el ejercicio de su derecho de desistimiento o la renuncia al mismo.

Ejecución del contrato a distancia

Salvo que las partes hayan acordado otra cosa, el empresario deberá ejecutar el pedido sin ninguna demora indebida y a más tardar en el plazo de 30 días naturales a partir de la celebración del contrato.

En caso de no ejecución del contrato por parte del empresario por no encontrarse disponible el bien o servicio contratado, el consumidor y usuario deberá ser informado de esta falta de disponibilidad y deberá poder recuperar sin ninguna demora indebida las sumas que haya abonado en virtud del mismo.

En caso de retraso injustificado por parte del empresario respecto a la devolución de las sumas abonadas, el consumidor y usuario podrá reclamar que se le pague el doble del importe adeudado, sin perjuicio a su derecho de ser indemnizado por los daños y perjuicios sufridos en lo que excedan de dicha cantidad.

Cuando el importe de una compra o de un servicio hubiese sido cargado fraudulenta o indebidamente utilizando el número de una tarjeta de pago, el consumidor y usuario titular de ella podrá exigir la inmediata anulación del cargo. En tal caso, las correspondientes anotaciones de adeudo y reabono en las cuentas del empresario y del consumidor y usuario titular de la tarjeta se efectuarán a la mayor brevedad.

Sin embargo, si la compra hubiese sido efectivamente realizada por el consumidor y usuario titular de la tarjeta y la exigencia de devolución no fuera consecuencia de haberse ejercido el derecho de desistimiento o de resolución, aquél quedará obligado frente al empresario al resarcimiento de los daños y perjuicios ocasionados como consecuencia de dicha anulación.

1.7. Descripción de los pasos posteriores a la venta a seguir (confirmación de envío, seguimiento, recepción, cobro, gestión de incidencias, devoluciones, entre otros)

En el comercio electrónico, la experiencia del cliente no finaliza en el momento de la compra. Los pasos posteriores a la venta son fundamentales para consolidar la confianza del consumidor, fomentar la fidelización y garantizar la gestión adecuada de la transacción comercial. Desde la confirmación de envío hasta la gestión de incidencias y devoluciones, cada etapa del proceso debe manejarse con precisión y profesionalismo.

A. Confirmación del envío

Tras haber finalizado el cliente su compra, el primer paso es enviar una confirmación que detalle toda la información relevante acerca del pedido. Este mensaje no solo ofrece seguridad al cliente, sino que también comunica transparencia y organización.

Contenido del mensaje de confirmación:

— Número de pedido único para facilitar el seguimiento.

— Detalle del producto adquirido (nombre, modelo, cantidad, etc.).

— Importe total y desglose de costos (producto, envío, impuestos, descuentos aplicables).

— Dirección de entrega y método de envío seleccionado.

— Estimación del tiempo de entrega.

B. Proceso de seguimiento del pedido

El seguimiento del pedido es una de las partes más valoradas por los clientes, dado que les permite saber con precisión dónde está su compra en cada etapa del envío. Proporcionar actualizaciones en tiempo real no solo disminuye la ansiedad del cliente, sino que también reduce la probabilidad de recibir consultas vinculadas con el estado del pedido.

Acciones fundamentales:

— **Proporcionar un enlace de seguimiento:** A través de este enlace, el cliente puede comprobar el estado del pedido en cualquier momento.

— **Actualizar el estado automáticamente:** Notifica al cliente cada vez que se complete un paso relevante del envío, como "Pedido en preparación", "En tránsito" o "Entregado".

— **Colaborar con empresas de mensajería de confianza:** Trabaja con compañías que ofrezcan herramientas de rastreo precisas y eficientes.

C. Recepción del pedido

Una vez que el pedido ha sido entregado, es importante verificar que el cliente se encuentre satisfecho con la experiencia de compra y con el producto recibido.

Figura 1.5. Una adecuada gestión de los pedidos refuerza la vinculación con el cliente y fomenta la fidelización del mismo.

Acciones posteriores a la recepción:

— **Notificación de entrega:** Remitir un correo electrónico confirmando que el pedido ha sido entregado y, si es posible, incluye una breve encuesta para conocer la experiencia del cliente.

— **Verificación de satisfacción:** Incitar al cliente a dejar una reseña sobre el producto y el servicio recibido en alguna página web que recoge opiniones. Esto también ayuda a atraer a futuros compradores cuando se acumulan reseñas positivas.

D. Gestión del cobro

Aunque el cobro de forma habitual se lleva a cabo en el momento de la compra, es importante garantizar que esta etapa se complete de manera correcta y segura, fundamentalmente en los supuestos de pagos diferidos o suscripciones recurrentes.

Aspectos a tener en cuenta:

— **Verificación del pago:** Asegúrate de que el pago haya sido procesado correctamente a través de la pasarela de pago utilizada.

— **Notificación de problemas de pago:** Si el pago no se pudo completar exitosamente, comunicar el hecho al cliente de forma inmediata para resolver la incidencia.

E. Gestión de Incidencias

A pesar de llevar a cabo las mejores prácticas, pueden aparecer incidencias en el proceso de envío o con el producto recibido. La clave para solucionar estos problemas es actuar de manera rápida, empática y profesional.

Tipos comunes de incidencias:

1. **Retrasos en la entrega:** Debe informarse al cliente de inmediato si el pedido se va a retrasar y ofrecer posibles soluciones, tales como un reembolso parcial o un descuento en futuras compras.

2. **Productos dañados o defectuosos:** Ha de facilitarse que el cliente documente el problema con fotos y envíe la reclamación a través de un canal sencillo (como un formulario en línea).

3. **Pedido incorrecto:** Facilita el proceso de reemplazo si el cliente recibió un producto equivocado.

F. Política de devoluciones y cambios

Resulta fundamental que las tiendas online cuenten con una política de devoluciones clara y accesible. Una política bien estructurada no solo protege los derechos del cliente, sino que también genera confianza y facilita la resolución de problemas.

Aspectos clave de una buena política de devoluciones:

— **Plazo de devolución:** Indicar el plazo que el cliente tiene para devolver el producto.

— **Condiciones del producto:** Especificar si el producto ha de devolverse en su embalaje original o sin uso.

— **Reembolso:** Señalar si el cliente recibirá un reembolso total, parcial o un crédito para futuras compras.

— **Costos asociados:** Dejar claro si el cliente debe pagar los costos de envío de la devolución o si estos serán asumidos por la tienda online.

G. Fidelización del cliente

Los pasos posteriores a la venta ofrecen una buena oportunidad para fortalecer la relación con el cliente e incrementar la posibilidad de efectuar compras futuras.

Estrategias de fidelización:

— **Programas de recompensas:** Entregar puntos de fidelidad por cada compra, que puedan canjearse por descuentos o productos gratuitos.

— **Envío de ofertas personalizadas:** Emplear el historial de compras para recomendar productos que puedan ser de interés para el cliente.

— **Descuento en la próxima compra:** Enviar un cupón de descuento como agradecimiento por la compra efectuada.

1.8. Relación con las Administraciones públicas por medios electrónicos mediante el certificado digital

La transformación digital ha revolucionado la manera en que los ciudadanos y empresas interactúan con las administraciones públicas, ofreciendo procesos más ágiles y accesibles mediante el uso de herramientas electrónicas. En este contexto, el **certificado digital** se ha consolidado como un elemento clave para garantizar la seguridad, autenticidad y confidencialidad de las gestiones realizadas por medios electrónicos.

El certificado digital es una herramienta tecnológica que permite identificar de manera inequívoca a personas físicas o jurídicas en entornos digitales. Gracias a esta herramienta, es posible realizar una amplia gama de trámites administrativos, como presentar impuestos, consultar la seguridad social, solicitar subvenciones o registrar documentos, todo sin necesidad de desplazarse físicamente.

Esta nueva forma de relación con las administraciones públicas no solo simplifica los procedimientos, sino que también promueve una mayor eficiencia, transparencia y ahorro de tiempo. En un mundo cada vez más digitalizado, comprender cómo utilizar el certificado digital y aprovechar sus ventajas es fundamental para maximizar las posibilidades que ofrece la administración electrónica. Este tema nos invita a explorar sus beneficios, características y el impacto que tiene en la interacción entre ciudadanos, empresas y entidades públicas.

1.8.1. Conocimiento de las funciones del certificado digital para acreditar la propia identidad y su utilidad para relacionarse en línea con las Administraciones públicas

La digitalización de los procesos administrativos ha transformado la manera en que ciudadanos y empresas interactúan con las administraciones públicas en España. En este contexto, el certificado digital se ha convertido en una herramienta

© Ediciones Paraninfo

imprescindible para garantizar la identidad de las personas en el entorno digital y para facilitar trámites que, tradicionalmente, requerían desplazamientos físicos. Este artículo explora las funciones del certificado digital, cómo permite acreditar la identidad y su utilidad en la interacción en línea con organismos públicos, ofreciendo un panorama detallado de su papel en la administración electrónica.

A. ¿Qué es el certificado digital?

El Certificado electrónico FNMT de Ciudadano es la certificación electrónica expedida por la FNMT-RCM que vincula a su suscriptor con unos Datos de verificación de Firma y confirma su identidad.

Este certificado, también conocido como Certificado de Persona Física o de Usuario, es un documento digital que contiene sus datos identificativos. Le permitirá identificarse en Internet e intercambiar información con otras personas y organismos con la garantía de que sólo el ciudadano y su interlocutor pueden acceder a ella.

Características principales:

— Vincula la identidad del titular con una clave criptográfica única.

— Permite realizar firmas electrónicas con la misma validez legal que una firma manuscrita.

— Garantiza confidencialidad, integridad de los datos y autenticidad en las comunicaciones electrónicas.

Existen 4 formas distintas para obtener su Certificado electrónico de Ciudadano como archivo descargable en un ordenador o dispositivo móvil:

— Con vídeo identificación.

— Con acreditación presencial en una oficina.

— Utilizando su DNIe.

— Utilizando su Dispositivo Móvil.

B. Funciones del certificado digital para acreditar la identidad

El certificado digital desempeña varias funciones esenciales relacionadas con la identidad en el entorno digital:

B.1. Identificación Segura

— **Qué es:** El certificado digital actúa como una "tarjeta de identificación" online. Permite a los usuarios autenticarse ante plataformas y servicios digitales, asegurando que quien accede es realmente quien dice ser.

— **Uso práctico:** Acceder al portal web de la Agencia Tributaria para presentar declaraciones o realizar trámites sin necesidad de una clave adicional.

B.2. Firma electrónica

- **Qué es:** Una de las funciones más importantes del certificado digital es permitir la firma de documentos electrónicos. Estas firmas tienen plena validez legal y equivalen a la firma manuscrita en el ámbito físico.

- **Uso práctico:** Firmar un contrato laboral, validar una solicitud de subvención o presentar recursos administrativos de forma electrónica.

B.3. Autenticidad en las transacciones

- **Qué es:** El certificado garantiza que las transacciones realizadas en línea no han sido alteradas y que la identidad del remitente está verificada.

- **Uso práctico:** Evitar fraudes en trámites sensibles, como el registro de propiedades o la presentación de documentos ante el Registro Mercantil.

B.4. Confidencialidad de la Información

- **Qué es:** La clave cifrada del certificado digital asegura que los datos compartidos entre el usuario y una administración pública se mantengan privados y protegidos de accesos no autorizados.

- **Uso práctico:** Presentar documentación confidencial, como informes médicos o declaraciones tributarias, sin temor a que la información pueda resultar interceptada.

C. Utilidad del certificado digital para relacionarse con las administraciones públicas

El uso del certificado digital simplifica enormemente la relación entre los ciudadanos y las instituciones públicas en España, permitiendo realizar trámites de manera cómoda, segura y rápida.

C.1. Acceso a Trámites Administrativos

Gracias al certificado digital, los ciudadanos pueden acceder a una amplia gama de servicios electrónicos ofrecidos por las administraciones públicas. Estos trámites incluyen:

- Presentación y liquidación de impuestos

- Presentación de recursos y reclamaciones

- Cumplimentación de los datos del censo de población y viviendas

- Consulta e inscripción en el padrón municipal

- Consulta de multas de circulación

- Consulta y trámites para solicitud de subvenciones

- Consulta de asignación de colegios electorales

- Actuaciones comunicadas

- Firma electrónica de documentos y formularios oficiales

C.2. **Validación de documentos**

El certificado digital permite la validación de documentos oficiales ante las Administraciones Públicas sin necesidad de acudir presencialmente a una oficina. Esto es especialmente útil para empresas y personas que necesitan presentar documentación de manera frecuente.

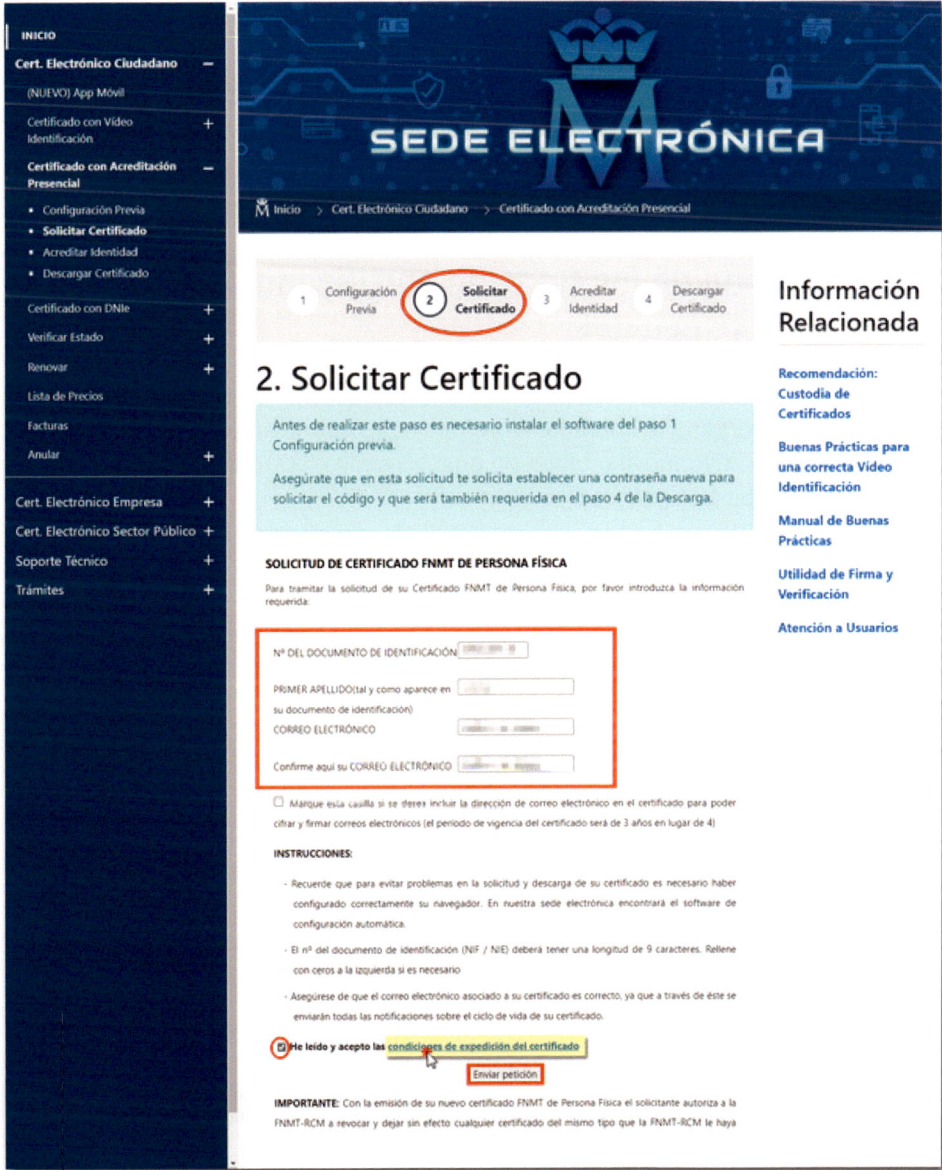

Figura 1.6. El certificado digital permite realizar multitud de trámites ante las Administraciones Públicas. Fuente: www.aeat.es

C.3. Presentación de recursos y solicitudes

Otra utilidad clave es la posibilidad de presentar recursos administrativos o solicitudes oficiales a través de portales electrónicos.

C.4. Participación en licitaciones públicas

El certificado digital es una herramienta esencial para empresas que desean participar en licitaciones públicas o concursos con una Administración Pública.

C.5. Gestión de subvenciones y ayudas

Los ciudadanos y empresas pueden gestionar la solicitud de ayudas o subvenciones públicas desde los portales oficiales, utilizando el certificado digital para acreditar su identidad y firmar de forma electrónica la solicitud.

1.9. Descripción de los tipos de certificado digital más usuales

El certificado electrónico es una firma digital que se instala en el navegador para garantizar la de una persona identidad en Internet y que permite realizar gestiones desde el ordenador, dispositivo móvil o tablet en nuestra sede electrónica y en la de otros organismos que también lo admitan.

Cuando se acceda a un trámite que requiera certificado electrónico, aparecerá en pantalla una ventana para poder elegir el certificado adecuado y continuar con el procedimiento.

La solicitud y obtención de un certificado electrónico válido en el ámbito tributario se realiza desde las páginas web de las entidades emisoras de certificados (no se solicita a través de la página web de la AEAT).

El tipo de certificado que se obtiene por esta vía es de tipo software y requiere de acreditación presencial en una Oficinas de Acreditación de Identidad, mediante la presentación de la documentación correspondiente.

En el caso de la Fábrica Nacional de Moneda y Timbre (FNMT), para la que la Agencia Tributaria actúa como oficina de acreditación, estos son los pasos para la obtención de un certificado electrónico en formato software:

- Configuración previa a la solicitud. Revisar la información que la FNMT requiere para la obtención óptima de tu certificado.

- Solicitud del certificado vía Internet. Se generará un código que ha de conservar para la acreditación y la descarga.

- Acreditación de la identidad ante alguna de las oficinas de registro establecidas por la autoridad de certificación. La documentación que se debe aportar en la acreditación dependerá del tipo de certificado electrónico solicitado. Para este paso se ha de concertar cita.

■ Descarga del certificado desde la página web de la FNMT. Se recomienda que todo el proceso de solicitud y obtención del certificado se realice desde el mismo equipo y el mismo usuario y no formatear el equipo, actualizar navegadores o realizar cambios significativos entre la solicitud y la descarga del certificado.

■ Realizar copia de seguridad del certificado electrónico. Este paso permite poder importar el certificado en otros dispositivos. Te recomendamos que guardes la copia en un dispositivo externo para evitar que se pierda si su equipo se daña.

La FNMT-RCM, como Proveedor de Servicios de Certificación a través de CERES, ha implementado una serie de aplicaciones que permiten a la Administración, a los ciudadanos y a las empresas españolas realizar sus trámites a través de Internet de forma totalmente segura. Las nuevas soluciones de certificación y autentificación de identidad digital que ofrece la FNMT-RCM proporcionan validez y seguridad a las transacciones electrónicas.

El sistema de certificación de firma electrónica establecido por la FNMT-RCM es un intermediario transparente al ciudadano, de fácil uso, que ofrece alta disponibilidad y gran capacidad de acceso concurrente para los usuarios de la red. Este sistema ya está operativo con diversas aplicaciones en funcionamiento y numerosos organismos en fase de incorporación al sistema. Los certificados emitidos por la FNMT-RCM son de uso general y por lo tanto universales, es decir, cada ciudadano puede comunicarse con las diferentes administraciones con un único certificado.

Además del popular sistema de certificación de firma electrónica, la FNMT-RCM, a través de CERES, ofrece diferentes servicios de certificación. Atendiendo a la entidad final que va a ser certificada, o al objeto de la certificación, se emiten certificados de identidad de usuarios, ya sea para uso corporativo o particular, certificados de componentes informáticos y certificados de firma de software. Además de los servicios típicos de una entidad certificadora, la FNMT-RCM, a través de CERES, también ofrece servicios avanzados de tercera parte de confianza como sellado de tiempo, servicios de no repudio, certificación y archivo de mensajes, etc.

Entre los certificados ofrecidos por la FNMT se encuentran los siguientes:

■ Certificado de persona física

■ Certificado de representante

    — Representante de Administrador Único o Solidario

    — Representante de Persona Jurídica

    — Representante de Entidad sin Personalidad Jurídica

■ Certificado Sector Público

    — Certificado de Empleado Público

    — Certificado de Sede Electrónica en el ámbito de la Administración

    — Certificado de Sello Electrónico en el ámbito de la Administración

■ Certificado cualificado de autenticación de sitio web

■ Servicio de sellado de tiempo cualificado

■ Certificados de componentes

■ Servicio de firma en la nube

■ Servicio de notificación electrónica

■ Custodia documental

Figura 1.7. La Seguridad Social permite acceder a su sede electrónica mediante certificado digital o cl@ve permanente.

1.10. Sistema Cl@ve y descripción de sus funcionalidades y requisitos

Cl@ve es un sistema orientado a unificar y simplificar el acceso electrónico de los ciudadanos a los servicios públicos. Su objetivo principal es que el ciudadano pueda identificarse ante la Administración mediante claves concertadas (usuario más contraseña), sin tener que recordar claves diferentes para acceder a los distintos servicios.

Cl@ve complementa los actuales sistemas de acceso mediante DNI-e y certificado electrónico, y ofrece la posibilidad de realizar firma en la nube con certificados personales custodiados en servidores remotos.

Se trata de una plataforma común para la identificación, autenticación y firma electrónica, un sistema interoperable y horizontal que evita a las Administraciones Públicas tener que implementar y gestionar sus propios sistemas de identificación y firma, y a los ciudadanos tener que utilizar métodos de identificación diferentes para relacionarse electrónicamente con la Administración.

Además de posibilitar el acceso a trámites electrónicos a quien no dispone de certificado electrónico, el sistema Cl@ve aporta un uso sencillo, ya sea a través de una contraseña permanente o de un código temporal, y seguro. Es un sistema además que permite la tramitación electrónica en dispositivos móviles que no admitan la firma electrónica con certificados electrónicos.

Para usar el sistema, únicamente necesitas haber obtenido previamente tu credencial electrónica de identificación mediante alguno de los procedimientos previstos.

Para ello deberás registrarte en el sistema bien de forma presencial, en alguna de las oficinas de registro adheridas al sistema, o bien por Internet, utilizando un certificado electrónico reconocido o, si no dispones de él, a través de videollamada o por carta de invitación. Dependiendo del método elegido tendrás un nivel de registro básico o avanzado.

Puedes obtener más información sobre este proceso en el apartado de Registro .

Al registrarte, se te proporcionarán dos tipos de claves de acceso:

- Cl@ve PIN: orientada a accesos esporádicos, con contraseña de validez muy limitada en tiempo.

- Cl@ve Permanente: orientada a accesos habituales, y al uso de la firma en la nube , con contraseña de validez duradera en el tiempo, pero no ilimitada. Es un sistema de acceso mediante usuario y contraseña, reforzado con claves de un solo uso remitido por SMS para ciertos servicios de nivel superior.

Si dispones de la app Cl@ve, podrás también hacer uso de la opción Cl@ve Móvil , que te permite identificarte sin claves ni contraseñas, simplemente escaneando un QR o confirmando la petición que te llegará al móvil.

Una vez que te hayas registrado y hayas activado estas claves de acceso, podrás utilizar Cl@ve en todos los servicios de administración electrónica que estén integrados con el sistema.

Ten en cuenta que, dependiendo de las características del servicio, es posible que algún método de identificación no esté disponible, debido a que el nivel de seguridad que se requiere para el acceso al servicio es superior al que puede proporcionar ese método de identificación (por ejemplo, porque el servicio maneja datos de carácter personal especialmente protegidos)

Puedes usar los mecanismos de identificación previstos en Cl@ve en todos aquellos servicios de administración electrónica integrados en el sistema. Los servicios integrados se distinguen porque dispondrán, en la pantalla de acceso a los mismos, de un botón similar a la siguiente simbología que te redirigirá al sistema de autenticación Cl@ve:

Actualmente, Cl@ve está disponible para todos los servicios electrónicos de la Administración General de Estado, en todas las Comunidades Autónomas y en la mayoría de las Entidades Locales. Así, con el sistema Cl@ve podrás, por ejemplo, consultar tu Carpeta Ciudadana , presentar tu declaración de Renta o visualizar tus datos fiscales, consultar tu información clínica, tus puntos de la DGT, descargarte la vida laboral u obtener el certificado digital COVID.

Cl@ve está conectada con el nodo eIDAS, que permite el reconocimiento transfronterizo de identidades electrónicas de acuerdo a la legislación europea.

Recuerda que para obtener esos mecanismos de identificación y usarlos en Cl@ve, es necesario haberse registrado previamente con alguno de los procedimientos previstos

Funcionamiento de Cl@ve

a) Accede al sistema

Para usar tus contraseñas de Cl@ve en un servicio de administración electrónica, únicamente tienes que pulsar en la pantalla el icono de Cl@ve que da acceso al servicio.

b) Selecciona el método de identificación

En la pasarela de Cl@ve, encontrarás un selector que te permitirá elegir el método de identificación de entre aquellos que están disponibles para el servicio en cuestión (recuerda que solamente se permiten aquellos métodos que proporcionan un nivel de seguridad en el acceso igual o superior al que necesita el servicio). Dependiendo de tu nivel de registro (básico o avanzado) habrá trámites a los que no puedas acceder.

Reconocerás aquellos métodos de identificación que no estén disponibles porque aparecerán en tonos grises en lugar de en color (o no aparecerán). Para seleccionar el método de identificación, haz clic en el botón de acceso.

c) Identifícate

Una vez elegido el método para identificarte, Cl@ve te redirigirá a la pantalla de identificación. Esta pantalla es diferente dependiendo del método seleccionado de Cl@ve Móvil, Cl@ve PIN o Cl@ve Permanente.

Si utilizas Cl@ve Permanente, determinados servicios, por el tipo de operación y de información que manejan, necesitan un nivel de seguridad mayor al que proporciona el uso normal (usuario y contraseña), por lo que para acceder a ellos es necesario usar el modo reforzado, identificándote además de con el usuario y la contraseña con la clave recibida en el teléfono (en este caso, ten en cuenta que tu nivel de registro debe ser avanzado).

También puedes elegir identificarte con tu DNI-e o certificado electrónico. En ese caso, te aparecerá una pantalla diferente, que dependerá del navegador que estés utilizando. Además, si tienes varios certificados electrónicos instalados, el sistema te preguntará cuál de ellos quieres usar.

d) Regresa al servicio de Administración Electrónica

Una vez que te hayas identificado correctamente utilizando el método elegido, Cl@ve te redirigirá automáticamente al servicio de administración electrónica al que quieres acceder: consulta de puntos de la DGT, descarga de vida laboral, etc.

A C T I V I D A D E S   F I N A L E S

C U E S T I O N A R I O   D E   C O N O C I M I E N T O S

2.1. **¿Qué es el comercio electrónico?**

   a. La venta de productos solo en tiendas físicas.

   b. La adquisición y venta de bienes y servicios mediante plataformas digitales.

   c. Un tipo de publicidad tradicional.

2.2. **¿Cuál de las siguientes es una ventaja del comercio electrónico?**

   a. Permite acceder a un mercado global.

   b. Ofrece precios más altos que las tiendas físicas.

   c. Limita las opciones de compra a una sola región.

2.3. **¿Qué función tienen los marketplaces en el comercio electrónico?**

   a. Venden solo productos de una marca.

   b. Son plataformas que solo permiten la publicidad de productos.

   c. Actúan como intermediarios entre múltiples vendedores y compradores.

2.4. **¿Cuál es una habilidad clave para usar plataformas de comercio electrónico?**

   a. Conocimiento avanzado de programación.

   b. Capacidad para llevar a cabo búsquedas eficientes.

   c. Habilidades en diseño gráfico.

2.5. **¿Qué deben hacer las empresas al identificar necesidades de compra de sus clientes?**

   a. Ignorar las preferencias de los clientes.

   b. Ofrecer solo productos más caros.

   c. Recoger datos de forma precisa para ofrecer productos que satisfagan esas necesidades.

2.6. **¿Qué son las billeteras digitales?**

   a. Herramientas que solo almacenan fotografías de productos.

   b. Plataformas que facilitan el proceso de compra almacenando información de pago.

   c. Aplicaciones que permiten realizar llamadas gratuitas.

2.7. **¿Cuál es un desafío en la identificación de necesidades del cliente en el comercio electrónico?**

   a. Cambios rápidos en las preferencias del cliente.

   b. Evitar la privacidad de los datos personales.

   c. Exceso de datos compartidos por los clientes.

A C T I V I D A D E S   F I N A L E S

2.8. **¿Por qué es importante tener una política de devoluciones en una tienda online?**

    a. Para confundir al cliente sobre los términos de compra.

    b. No es necesaria, ya que todos los productos son finales.

    c. Genera confianza y facilita la resolución de problemas.

2.9. **¿Qué implica el uso de criptomonedas en el comercio electrónico?**

    a. Son una forma de pago totalmente desconocida.

    b. Ofrecen un nivel superior de privacidad y seguridad.

    c. Son monedas físicas que deben ser entregadas en mano.

2.10. **¿Cuál de las siguientes normativas es esencial para operar una tienda online en España?**

    a. Ley de Ordenación del Comercio Minorista.

    b. Ley de Protección del Medio Ambiente.

    c. Ley de Propiedad Intelectual.

ACTIVIDADES PRÁCTICAS

2.1. Visita la web de Amazon y busca un producto de informática, comprobando los precios del mismo en los distintos vendedores que lo ofrecen así como los gastos de envío aplicables en cada caso.

2.2. Regístrate en la página web de Carrefour o Alcampo, introduce varios productos en el carrito de compra y comprueba si realizan envíos a tu domicilio

2.3. Busca la web de la FNMT y analiza el procedimiento para obtener el certificado digital de persona física

Módulo 3

Iniciación a la informática

Un ordenador o equipo informático es una máquina electrónica programable digital. Ellos han abierto una nueva era en nuestra vida gracias a las técnicas de automatización, que han permitido mejorar, entre otras cosas, los sistemas modernos de comunicación.

La mayoría de las personas tenemos un ordenador en casa, pero ¿cómo funcionan? Así como la televisión, con solo apretar un botón se enciende y comienza a emitir el programa que está en el canal seleccionado, el ordenador necesita una serie de instrucciones básicas para que pueda ponerse en funcionamiento.

No cabe duda de que hoy el mundo se mueve a través de internet. Internet es una red diseñada para transmitir información entre ordenadores, pero esta información hay que buscarla por la red.

Objetivo

Conocer los conceptos básicos relacionados con la informática.

Duración

14 horas.

Manejo de archivos

Hoy en día las organizaciones manejan y almacenan gran cantidad de datos. Hasta hace poco tiempo, la gestión se realizaba de manera manual: fichas, informes, carpetas, archivadores...; sin embargo, la aparición de los ordenadores supuso una revolución respecto al almacenamiento y gestión de los datos, dando lugar al uso de los denominados archivos o ficheros electrónicos.

1.1. Tipos de archivos

En informática, se conoce como archivo o fichero a un **conjunto organizado de unidades de información (bits) almacenados en un dispositivo**. Esta denominación se estableció como metáfora a partir de los archivos tradicionales de las oficinas, escritos en papel, ya que vendrían a ser su equivalente digital.

A todos los archivos hay que darles nombre cuando se crean, y de esta forma se diferencian de otros archivos. Pero, además, el programa utilizado para crearlo le asigna una extensión y una imagen que hace que se identifique a simple vista.

Tabla 1.1. Extensiones de los archivos

Archivo	Icono	Tipo de archivo	Extensión
img36.jpg Imagen JPEG 700 KB		Imagen	.jpg
exp6A6.tmp Archivo TMP 0 bytes		Fichero temporal	.tmp
CURRICULO.pdf		Estándar de Adobe	.pdf
Doc1.doc Documento de Microsoft Of... 2,93 MB		Documento Word (Microsoft)	.doc .docx
Libro1.xls Hoja de cálculo de Microsof... 22,0 KB		Hoja de cálculo de Excel (Microsoft)	.xls .xlsx
P8171434.zip Archivo WinRAR ZIP 12,8 MB		Comprimido	.zip .rar
ALMACEN.mdb Microsoft Office Access Dat... 320 KB		Base de Datos Access (Microsoft)	.mdb .accb

1.2. Visualización de archivos y carpetas

Tal y como hemos dicho anteriormente, y se puede ver en la Tabla 1.1, cada archivo cuenta con una extensión y una imagen que lo identifica con el programa con el que ha sido realizado.

Todos los archivos que se realicen se guardan dentro de una unidad de almacenamiento (disco duro del ordenador, unidad de memoria...). Para organizar y agrupar estos archivos, de tal forma que es más fácil encontrar la información que se busca, se utilizan las **carpetas**.

Figura 1.1.

La gestión de los archivos y carpetas que utilizas puede realizarse de varias maneras, siendo lo más habitual hacerlo a través de la ventana **Este equipo**, aunque también lo puedes realizar a través del **Explorador de archivos**, ya que en cualquiera de los dos casos se accede a la misma ventana.

En la Figura 1.2 puedes ver la ventana que aparece cuando se accede al Explorador de archivos en Windows 11.

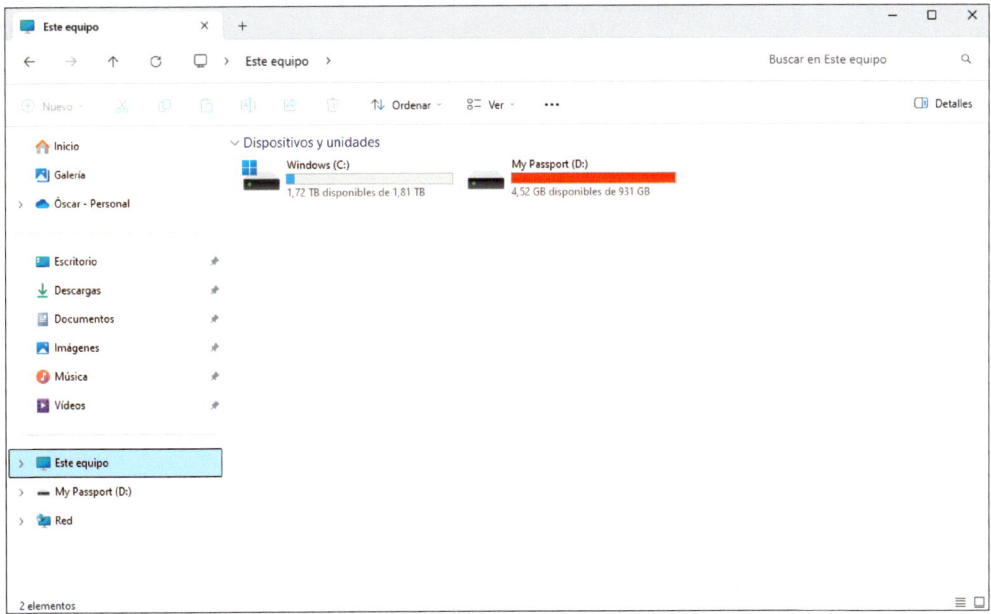

Figura 1.2. Explorador de archivos.

Como puedes observar en la Figura 1.2, la ventana consta de dos paneles: en el de la izquierda aparece la estructura jerárquica del sistema de archivos y en el de la derecha, el contenido del objeto seleccionado.

El panel izquierdo se puede utilizar para acceder rápidamente a cualquier lugar del sistema de archivos. Si se hace clic sobre el nombre o el icono de una carpeta de la izquierda, se verá su contenido en el panel derecho y su icono tomará la forma de un triángulo rectángulo.

Con el uso combinado de los paneles izquierdo y derecho del Explorador de archivos es posible realizar muchas operaciones. Las más significativas son:

- **Crear archivos y carpetas.** Aunque existen varias formas de realizar esta acción, a continuación se detalla una de ellas:

  1. Primero deberemos situarnos en el lugar donde queremos crear el archivo o la carpeta.

  2. Haremos clic con el botón derecho del ratón en el panel derecho de la ventana (en algún lugar en donde no haya ningún objeto).

  3. En el menú emergente que sale, llamado **Menú Contextual**, se elige la opción **Nuevo**, seleccionando después la opción deseada.

- **Ordenar archivos y carpetas.** Existen ocho maneras distintas de ver el contenido de la columna derecha del Explorador:

  1. **Detalles.** Se observará el icono, el nombre del archivo o carpeta, la fecha de su creación y modificación, el tamaño y el tipo de objeto.

  2. **Lista.** Aparecerá el icono y el nombre del archivo o carpeta a continuación, estructurados en forma de columnas, agrupando primero las carpetas y, a continuación, los archivos.

  3. **Mosaicos.** Se puede observar el icono y, después, su nombre, organizados todos estos iconos en columnas y ocupando la parte superior de la ventana derecha.

  4. **Contenido.** La información que se muestra es similar a la vista de mosaicos, solo que en lugar de visualizarse en forma de álbum, lo hace en modo de listado.

  5. **Iconos medianos.** Se muestra el icono y debajo su nombre, organizados en forma de filas.

  6. **Iconos pequeños, Iconos grandes e Iconos muy grandes.** Se visualiza lo mismo que con la opción Iconos medianos, solo que varía el tamaño de esos iconos.

Para poder cambiar la forma de visualización se deberá hacer clic en la opción **Ver**.

Una vez que estamos en uno de los modos ya expuestos, podremos organizar los iconos por nombre, fecha, tipo, tamaño... con la opción **Ordenar** o bien a través del **Menú Contextual**.

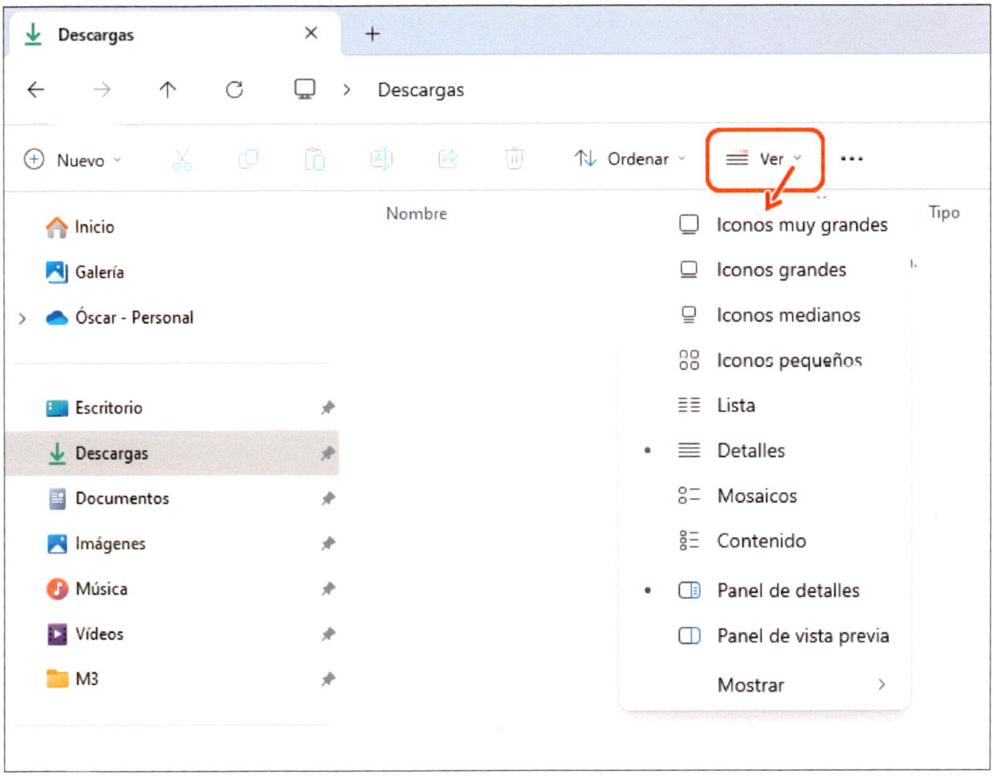

Figura 1.3. Vistas de los archivos y carpetas.

1.3. Almacenamiento y recuperación

Las unidades de almacenamiento, también llamadas memoria secundaria, proporcionan el soporte en el que se almacenará de modo duradero la información con la que trabaja el ordenador.

A lo largo de los años han ido evolucionando las distintas unidades de almacenamiento. De esta forma, se comenzó a trabajar con tarjetas perforadas, pasando después a las cintas magnéticas y a los discos flexibles.

En la actualidad, las unidades de almacenamiento son las que se detallan a continuación, aunque la utilización de alguna de ellas es muy baja.

Dispositivos de almacenamiento óptico

Dentro de esta categoría nos encontramos con los siguientes:

- **Disco compacto.** También llamado *compact disc* o más conocido como CD-ROM. En él se pueden grabar entre 530 y 650 *megabytes* de información. A finales de la década de los noventa se popularizaron los dispositivos de grabación para ordenadores personales. En ellos se emplean discos (CD-R) especiales recubiertos de un tinte orgánico que se vuelve opaco al calentarse. El láser del grabador se emplea para calentar (comúnmente se habla de quemar) las zonas de la pista, dejando marcas que, al ser opacas, reflejarán menos la luz.

Después de los CD-R aparecieron los CD-RW cuya característica fundamental era que los discos ya no eran de un solo uso como hasta entonces, sino que se podía borrar la información contenida en ellos y volver a grabar otra.

- **DVD.** Un avance en la capacidad de almacenamiento del disco compacto ha sido el desarrollo de los DVD (*Digital Video Disk*), inicialmente vinculados al almacenamiento de películas de vídeo digital. El estándar permite grabar por las dos caras e incluir en cada una de ellas dos capas. Los DVD tienen una capacidad entre 4,7 y 17 *gigabytes* (Gb).

- **Blu-ray.** Similares a los anteriores, pero con capacidad entre 25 y 128 Gb.

Discos duros

Son hoy en día el dispositivo de almacenamiento más empleado en informática. Hay diversos tipos de discos duros internos, desde los mecánicos (o HDD) a las unidades de estado sólido (o SSD).

Los HDD están formados por varios discos o platos de aluminio o cristal; están montados sobre el mismo eje y giran todos a la vez impulsados por un pequeño motor incluido en el disco. La combinación del movimiento circular (impulsado por el motor) y el movimiento radial de los cabezales permite acceder a cualquier punto del disco; se trata, por tanto, de un dispositivo de almacenamiento de acceso aleatorio.

Las SSD almacenan los archivos en microchips con memorias *flash* interconectadas entre sí, lo que supone una mayor velocidad de la unidad y que sean más silenciosos que los HDD.

La capacidad de almacenamiento de los discos duros no ha dejado de crecer. Si el primer disco duro fabricado por IBM era capaz de almacenar 5 *megabytes* de información, la capacidad de los discos actuales está en el orden de los *terabytes*, y el coste del *megabyte* de información almacenada se ha vuelto prácticamente insignificante.

Junto con los discos duros internos, que se emplean comúnmente para almacenar el sistema operativo y los programas con los que opera el ordenador, se han popularizado en los últimos años los discos duros externos, que se comunican con aquel habitualmente a través de un puerto USB y permiten combinar una gran capacidad de almacenamiento con la portabilidad del dispositivo de información, que se puede transportar fácilmente a cualquier lugar.

Figura 1.4. Disco HDD.

Figura 1.5. Unidad SSD.

Figura 1.6. Unidad SSD M2.

Figura 1.7. Disco duro externo.

Memorias *flash*

Otro dispositivo cuya popularidad ha crecido enormemente son las denominadas memorias *flash*. Presentan un consumo muy bajo y una considerable resistencia a los golpes, no necesitando alimentación independiente, sino que el propio puerto USB se encarga de proporcionarles la energía necesaria para su funcionamiento.

Figura 1.8. Memorias *flash*.

En el lado negativo, admiten un número limitado de operaciones de lectura y escritura, con lo que su vida útil es necesariamente pequeña. Las aplicaciones más extendidas de las memorias *flash* son los populares lápices de memoria o *pendrives* y las tarjetas de memoria que se emplean en fotografía digital o en dispositivos móviles.

Las unidades *flash* modernas pueden almacenar hasta 2 *terabytes* de información.

Recuperación de datos

Estas unidades de almacenamiento tienen una vida limitada y, además, pueden sufrir deterioros debido a otras circunstancias (averías, golpes…).

En estos casos la unidad deja de funcionar, no pudiendo acceder, en ocasiones, a los datos contenidos en la misma. Por ello, en informática, es muy frecuente hablar de la **recuperación de datos**, refiriéndose al conjunto de técnicas y procedimientos utilizados para acceder y guardar la información almacenada en estos dispositivos dañados o averiados.

En el mercado existen aplicaciones para recuperar los datos perdidos, aunque en ocasiones es preciso acudir a un servicio técnico.

Almacenamiento en la nube

Los expertos en seguridad suelen recomendar tener un sistema que nos permita realizar copias de seguridad de nuestros archivos y así evitar perderlos.

Con las unidades de almacenamiento vistas anteriormente es posible llevar a cabo estas copias de seguridad, sin embargo, es preciso tener en cuenta que estas unidades pueden averiarse o dañarse. Por ello, en la actualidad, lo más habitual es contar con alguno de los servicios de almacenamiento en la nube que nos ofrecen un espacio para que podamos almacenar todos nuestros archivos.

Un sistema de almacenamiento en la nube, también llamado *Cloud storage*, consiste en que nuestros archivos están alojados en espacios de almacenamiento ofrecidos por la empresa con la que contratemos el servicio. Básicamente, lo que nos permite este sistema es que podamos tener nuestros archivos accesibles desde cualquier parte y desde cualquier dispositivo (un ordenador, un móvil, una tableta, un navegador…).

Entre los más populares nos encontramos con: Google Drive, OneDrive, Dropbox o Amazon Drive. Todos ellos cuentan con servicio gratuito, aunque es un poco limitado en cuanto al espacio de almacenamiento.

Organización de la información en las unidades de almacenamiento

No debemos acabar este apartado sin mencionar qué criterios se utilizan para organizar y nombrar los archivos utilizados por el usuario en las unidades de almacenamiento.

Lo primero que hay que saber es que no existe un único criterio. Además, hay que tener en cuenta que en las empresas y demás organismos suele haber **manuales de organización** en donde se explica cómo nombrar y dónde guardar los archivos creados.

El ordenador que utilizamos contiene varios elementos que determinan la organización de los datos:

- Unidades.
- Carpetas.
- Archivos.

Dichos elementos se utilizan para ordenar nuestros datos de trabajo, guardándolos en una unidad de almacenamiento que puede contener carpetas y, dentro de ellos, puede haber más carpetas y archivos.

Pues bien, somos nosotros los que tenemos que organizar nuestra documentación, utilizando una **estructura de directorios**, de igual modo que organizamos la documentación en papel de nuestro trabajo o vida personal, utilizando un armario, estantería, archivador (**unidad de almacenamiento**), donde tendremos cajas de archivadores, carpetas colgantes (**directorios o carpetas**), que a su vez pueden contener ficheros o subdirectorios, y así, de este modo seguiríamos estructurando nuestra documentación (**ficheros**) con la mayor organización y accesibilidad posible para la posterior manipulación de la documentación.

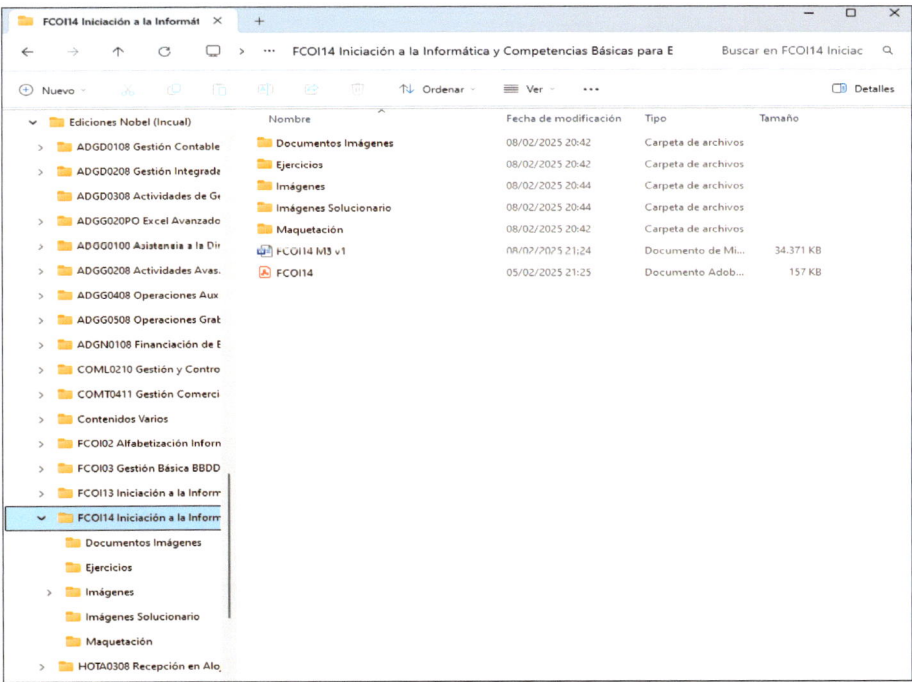

Figura 1.9. Árbol de carpetas en Windows 11.

Hay que tener en cuenta que sería muy difícil acceder a los archivos si no tuviesen algún tipo de organización que los agrupase por algún criterio: unidades, carpetas, subcarpetas, etc.

Tal y como se ha explicado anteriormente, los ficheros tienen nombre y una extensión, separados por un punto (.). Este nombre puede tener una longitud de hasta 256 caracteres, y su extensión, 3 caracteres.

Utilización básica de aplicaciones ofimáticas

En la actualidad, las aplicaciones ofimáticas se han convertido en herramientas esenciales para el trabajo académico, profesional y personal. Su uso cotidiano permite, entre otras cosas, redactar documentos, elaborar presentaciones, gestionar hojas de cálculo y organizar información de manera eficiente. Conocer sus funciones básicas no solo facilita la realización de tareas, sino que también abre la puerta a mejorar la productividad y la calidad de los resultados en cualquier ámbito.

Las tareas ofimáticas constituyen uno de los usos más habituales de las herramientas informáticas, tanto en el entorno laboral como en el doméstico. Por tanto, cualquier sistema que se precie debe contar con aplicaciones específicas para estos menesteres.

La mayoría de los sistemas comerciales proponen familias de aplicaciones bajo una misma estructura, llamadas **suites** **ofimáticas**, como, por ejemplo, Microsoft Office, OpenOffice o LibreOffice (estas dos últimas gratuitas), para satisfacer las necesidades de los usuarios.

Las aplicaciones ofimáticas de propósito general son las siguientes:

- **Procesadores de texto.** Esta clase de aplicaciones permite crear y manipular documentos de texto, posibilitando ajustar el formato del texto (tipografías; tamaños de letra; estilos; características de los párrafos, las páginas, etc.), incorporando en ellos gráficos u otros elementos. La mayor parte de los procesadores de texto son del tipo WYSIWYG. Este acrónimo significa *What You See Is What You Get* («lo que ves es lo que obtienes») y se refiere a que lo que se ve en pantalla es lo que se obtiene finalmente en el documento.

Figura 2.1. Icono de Microsoft Word.

Figura 2.2. Icono de LibreOffice Writer.

- **Hojas de cálculo.** Estas aplicaciones permiten realizar cálculos más o menos complejos, en ocasiones con gran cantidad de datos. Una de sus características más destacables es que se los cálculos se actualizan automáticamente cuando se modifican los datos de partida. Las hojas de cálculo también sirven para crear gráficos de diversos tipos a partir de los datos introducidos.

Figura 2.3. Icono de Microsoft Excel.

Figura 2.4. Icono de LibreOffice Calc.

- **Bases de datos o sistemas gestores de bases de datos.** Las bases de datos son potentes herramientas para almacenar, catalogar y consultar información de modo rápido y eficaz.

Figura 2.5. Icono de Microsoft Access.

Figura 2.6. Icono de LibreOffice Base.

■ **Presentaciones gráficas.** Una presentación es un conjunto de gráficos y textos destinados generalmente a tratar esquemáticamente una cuestión; en muchas ocasiones se emplean proyectándolos mediante un cañón de vídeo o una pizarra digital interactiva, para acompañar o apoyar una intervención en público.

Figura 2.7. Icono de Microsoft PowerPoint.

Figura 2.8. Icono de LibreOffice Impress.

■ **Clientes de correo.** El correo electrónico se ha convertido hoy en día en una herramienta prácticamente imprescindible. Un cliente de correo permite gestionar el correo electrónico: redactar cómodamente mensajes de correo, almacenar ordenadamente los correos electrónicos entrantes y gestionar una libreta de direcciones con contactos y grupos de contactos.

Figura 2.9. Icono de Microsoft Outlook.

Figura 2.10. Icono de Gmail.

■ **Agenda electrónica.** Las aplicaciones de agenda electrónica se hallan en ocasiones integradas con el propio cliente de correo (es el caso, por ejemplo, de Outlook de Microsoft). Constituyen el equivalente informático de la agenda de papel y permiten gestionar citas, reuniones y tareas.

■ **Manipulación de gráficos e imágenes.** Existe hoy en día una serie de aplicaciones que permiten, por un lado, crear y manipular gráficos diversos y, por otro, retocar y manipular fotografías digitales.

Figura 2.11. Icono de Photoshop.

Figura 2.12. Icono de LibreOffice Draw.

Por otra parte, hay también una gran cantidad de **aplicaciones específicas**, diseñadas para propósitos más concretos y habitualmente más restringidas a ciertos ámbitos profesionales. Entre los muchos tipos de aplicaciones, podemos citar las siguientes:

- Aplicaciones de contabilidad, facturación, nóminas, etc.
- Aplicaciones para la gestión de almacén.
- Aplicaciones de dibujo técnico en dos y tres dimensiones.
- Aplicaciones de desarrollo de programas informáticos.
- Aplicaciones de ingeniería para el cálculo de estructuras, conducciones, redes eléctricas, etc.
- Aplicaciones médicas.
- Etcétera.

2.1. Creación de un fichero de texto con un editor sencillo

Una aplicación informática de tratamiento de textos, llamadas habitualmente procesador de textos, es un programa que permite realizar todo tipo de documentos escritos a los que se les puede aplicar una serie de funciones y efectos, con el fin de obtener un documento atractivo y preciso, y, todo ello, de una manera sencilla y fácil de usar.

Las organizaciones lo utilizan para editar, guardar e imprimir documentos que pueden contener texto, imágenes, gráficos y otros objetos que, en muchos casos, ofrece la propia aplicación.

Las funciones básicas que tienen se pueden resumir en:

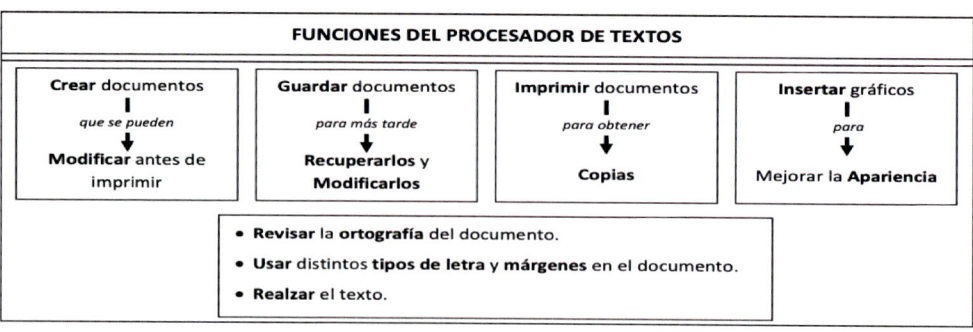

Figura 2.13. Funciones básicas de los editores de texto.

Hay muchos procesadores de texto, pudiéndose presentar como aplicaciones independientes o paquetes integrados. Entre otros, nos podemos encontrar con: WordPad, WordPerfect, Office Writer, Microsoft Word, etc.

Vamos a realizar la explicación de Word por ser el que utiliza la mayoría de las organizaciones, ocupándonos de la versión 2024.

Entrada y salida del programa

La aplicación se abre haciendo clic en el menú *Inicio* y seleccionamos la aplicación **Word**.

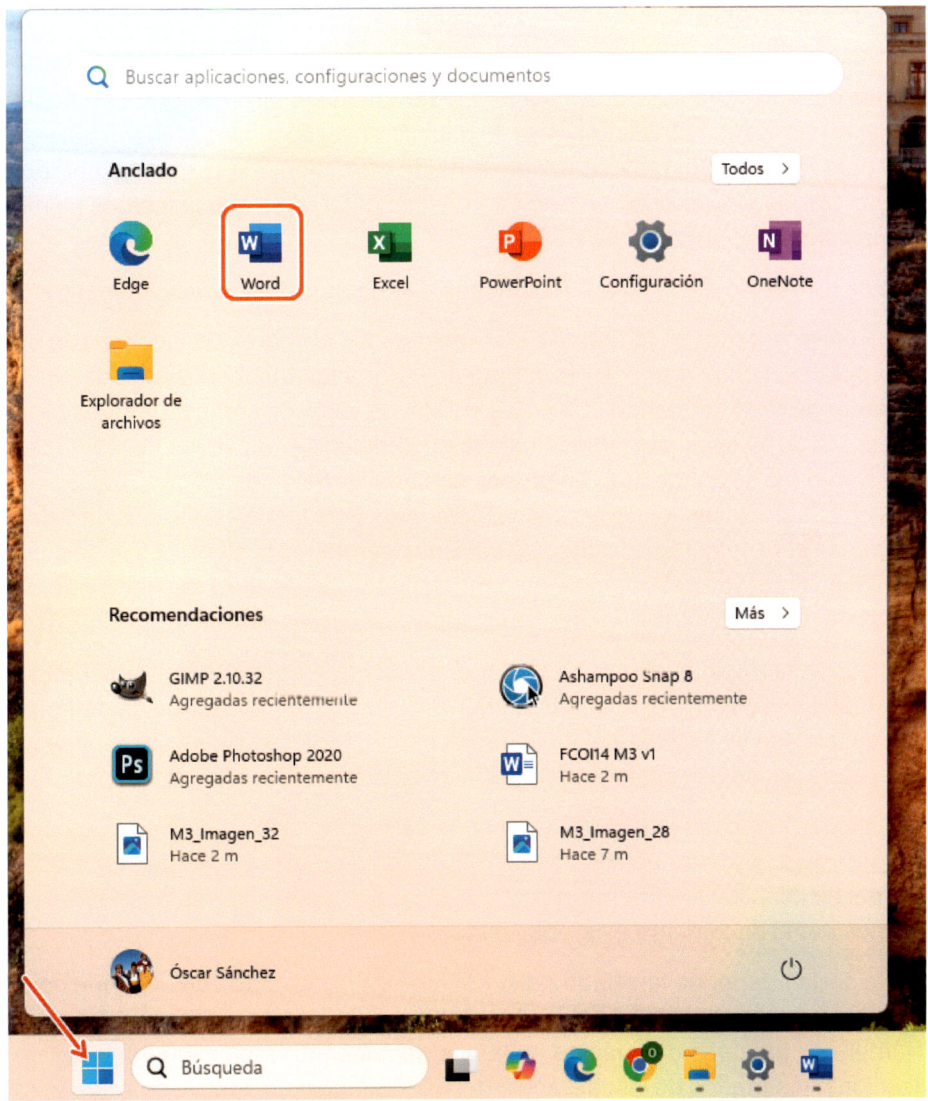

Figura 2.14. Apertura de Word 2024.

Al igual que sucede con la mayoría de las aplicaciones que girar bajo entorno Windows, varias son las posibilidades existentes para salir del programa:

- Icono cerrar de la Barra de título.

- Hacer clic en la parte superior izquierda de la Barra de título y seleccionar la opción Cerrar.

Descripción de la pantalla del tratamiento de textos (*Interface*)

Figura 2.15. Salida de Word 2024.

Los procesadores de texto son seguramente la aplicación informática más intuitiva y sencilla de utilizar. Al abrir la aplicación podemos observar, en la parte central de la pantalla, la representación de una hoja de papel y, en su esquina superior izquierda, un cursor parpadeante. Sin más conocimientos de ofimática que el manejo del teclado podemos comenzar a escribir un documento. Los caracteres que pulsemos se reflejarán en la pantalla.

En el área de trabajo de Word 2024 podemos distinguir los siguientes elementos:

- En la parte superior de la pantalla observamos los nombres de las diversas **fichas** disponibles, fichas que nos permitirán acceder a las distintas funciones del procesador de textos. Cuando pulsamos en una de ellas, se abren diferentes botones en una *Cinta de opciones* situada bajo los nombres identificativos de las fichas. Dichos botones se concentran en **grupos** con una cierta unidad lógica. Así, por ejemplo, en la ficha *Inicio* disponemos de los grupos **Portapapeles**, **Fuente**, **Párrafo**, etc. Se puede especificar que la *cinta de opciones* permanezca siempre visible o que se oculte pulsando con el botón secundario del ratón sobre ella y desactivando o activando la opción *Contraer la cinta de opciones*.

- Rodeando la página de nuestro documento hay dos *Reglas*, una horizontal y otra vertical. Las reglas indican el *área imprimible* de la página, es decir, delimitan la zona en la que se insertará el texto; también nos informan de las posiciones de las *sangrías* y las *tabulaciones*. Se pueden activar y desactivar en la ficha **Vista**.

- En la parte derecha de la ventana —y en la parte inferior de la misma si la hoja que estamos visualizando no encaja horizontalmente en dicha ventana— se sitúan las barras de desplazamiento horizontal y vertical; con dichas barras podemos desplazarnos por el documento en ambas direcciones.

- En la parte inferior de la ventana disponemos de la barra de estado —que nos proporcionará información sobre el documento que estemos editando, tal como el número de palabras o la página en la que nos encontramos—, un control para seleccionar los modos de visualización del documento y un control de *zoom* para seleccionar el grado de ampliación al que deseemos visualizarlo.

© Ediciones Paraninfo

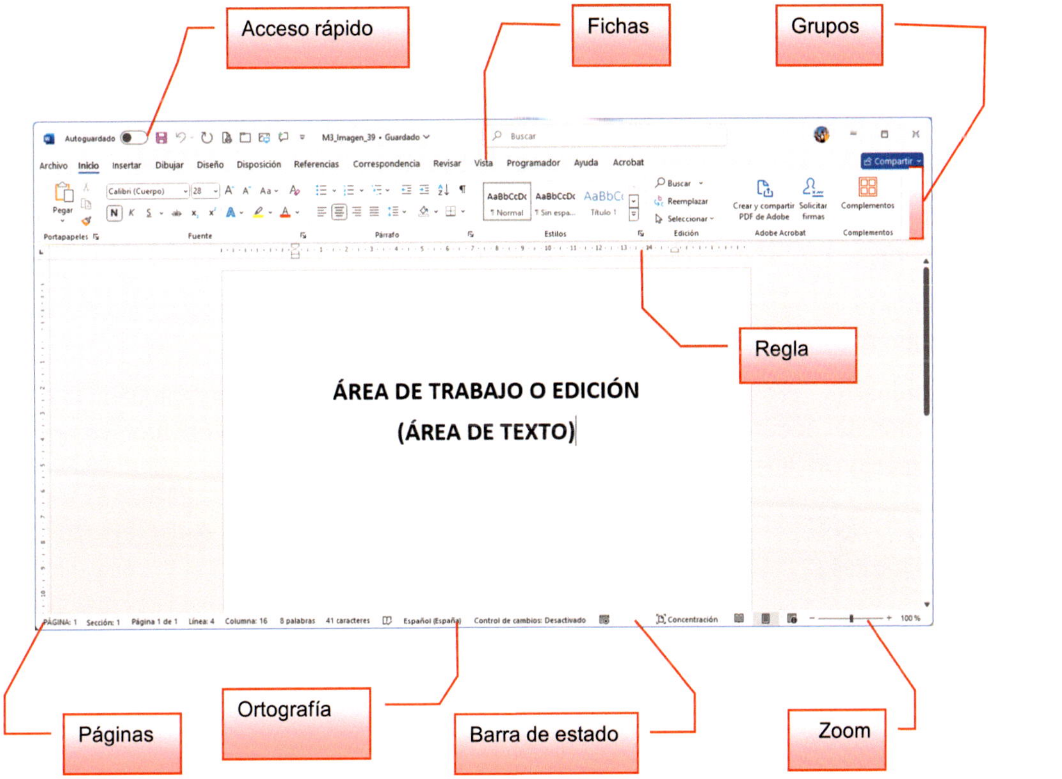

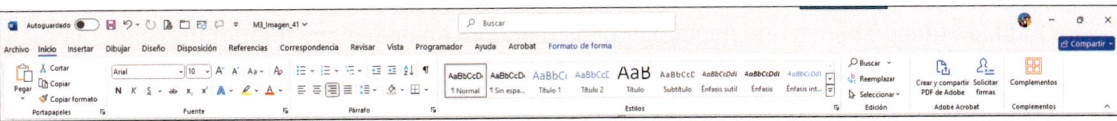

Figura 2.16. Espacio de trabajo de Word 2024.

Ventana de documento

Al abrir Word 2024 por primera vez es posible que sorprenda su nuevo aspecto. La mayoría de los cambios se encuentran en la cinta de opciones, el área que se extiende por la parte superior de Word, tal y como puede verse en la Figura 2.17.

Figura 2.17. Cinta de opciones de Word 2024.

La cinta de opciones presenta los comandos más populares en primer plano, de modo que no se necesita ir en su búsqueda en distintas partes del programa para tareas que realiza constantemente.

Existen cinco componentes básicos en la cinta de opciones. Es conveniente saber cómo se llaman para entender cómo se utilizan (Figura 2.18):

- **Fichas.** Hay diez fichas básicas en la parte superior. Cada una representa un área de actividad.

- **Grupos.** Cada ficha contiene varios grupos que incluyen elementos relacionados.

- **Comandos.** Un comando es un botón, un cuadro en el que se escribe información o un menú.

- **Usuario.** Usuario es la cuenta Microsoft utilizada para acceder a servicios como Outlook.com, OneDrive, Windows Phone o Xbox LIVE.

- **Compartir.** Gracias a esta opción podrás colaborar con otras personas en la realización del documento. Para ello es preciso guardar una copia del archivo en una ubicación en línea.

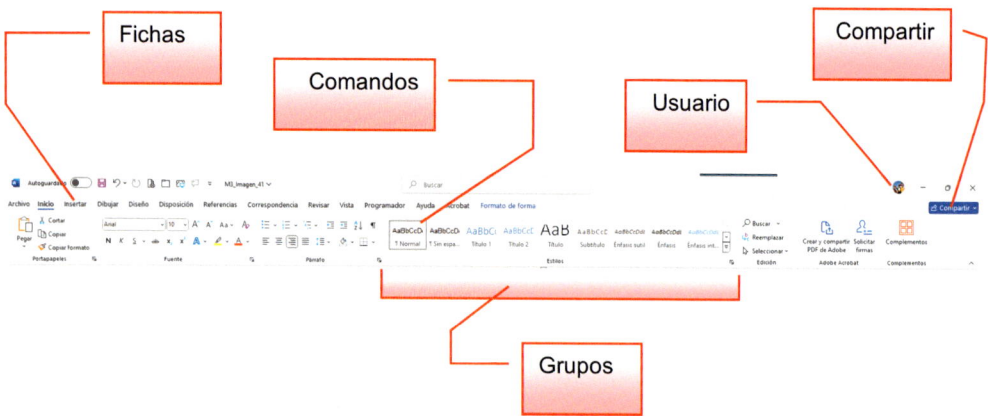

Figura 2.18. Componentes de la cinta de opciones de Word 2024.

A primera vista, es posible que no se vea un comando determinado de una versión anterior de Word.

Algunos grupos tienen una pequeña flecha diagonal en la esquina inferior derecha ⌐. La flecha se llama Iniciador de cuadros de diálogo. Si haces clic en ella, podrás ver más opciones relacionadas con este grupo.

Debes tener en cuenta que algunas fichas solo aparecen cuando se necesitan, como es el caso de las tablas o imágenes.

Algunos comandos de formato son tan útiles que nos puede convenir tenerlos disponibles siempre, independientemente de lo que esté haciendo. En la Figura 2.19 se puede observar el funcionamiento de la **_Minibarra de herramientas_**.

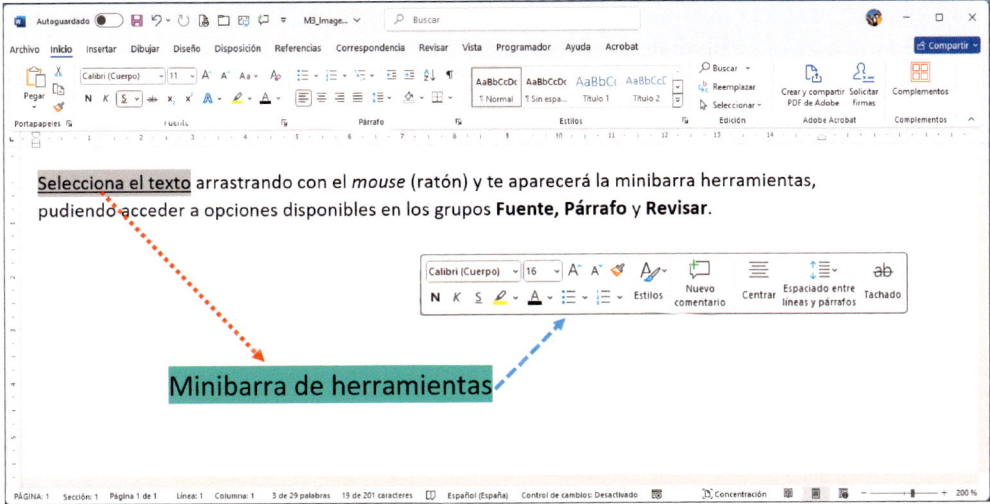

Figura 2.19. Minibarra de herramientas.

Otro de los elementos muy importante es la **Regla**. Con ella se puede cambiar la sangría de los párrafos, ajustar los márgenes, cambiar el ancho de las columnas de texto y de las tablas.

Figura 2.20. Regla.

Si queremos activar la regla solo tenemos que realizar los siguientes pasos:

1. Pincha en la ficha **Vista**.

2. En el grupo **Mostrar** pincha sobre la casilla **Regla**.

3. Podrás ver en pantalla que te ha aparecido la regla en la parte superior del documento.

Figura 2.21. Activar la regla.

Creación de un nuevo documento

Cuando se accede a Word nos aparece el documento en blanco para que empecemos a escribir. Sin embargo, es posible forzar un nuevo documento.

Para ello deberemos hacer clic en la ficha **Archivo** y seleccionar la opción *Nuevo*, apareciéndonos el cuadro de diálogo de la Figura 2.22.

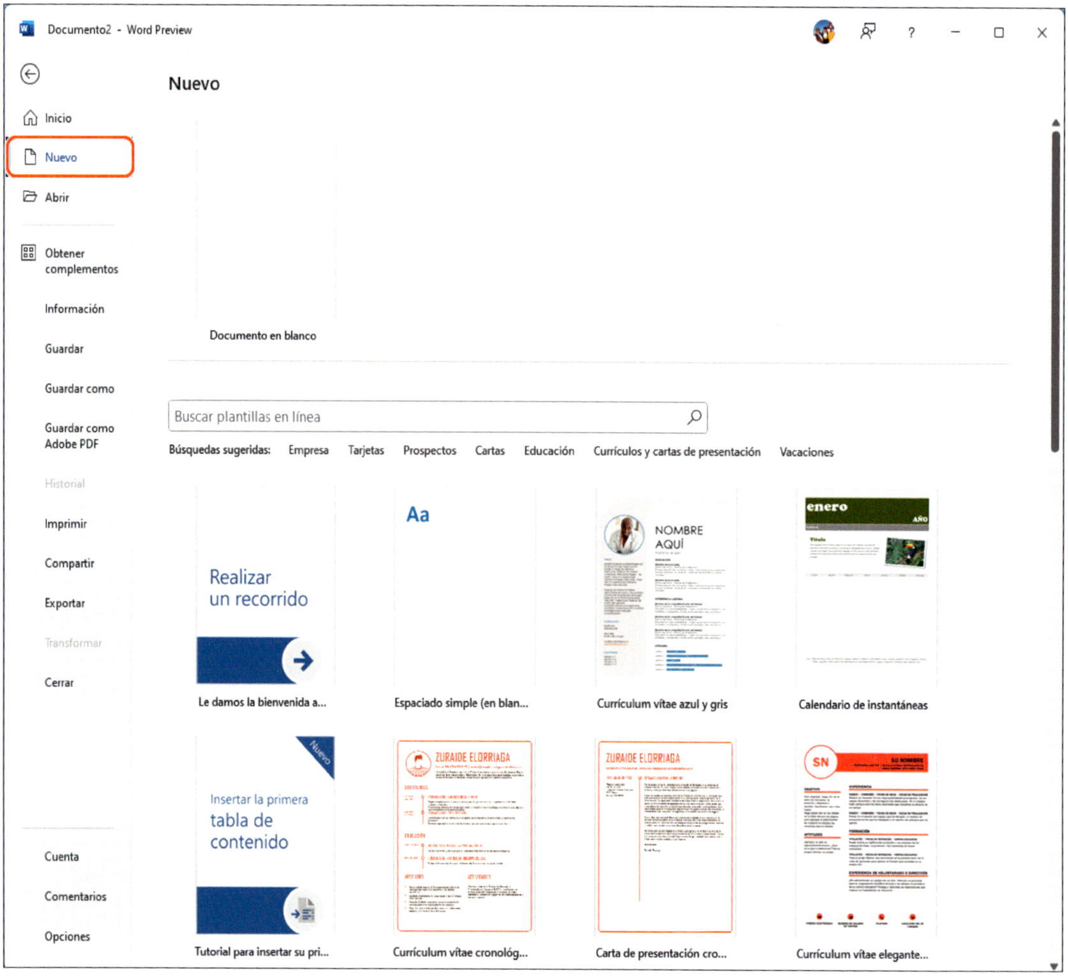

Figura 2.22. Nuevo documento de Word 2024.

Podremos iniciar un documento en blanco o bien crearlo a partir de una de las muchas plantillas que están disponibles en Word.

Apertura de un documento ya existente

Si lo que se desea es abrir un documento ya creado, debemos pulsar sobre la ficha **Archivo** y seleccionar la opción *Abrir*. Nos aparecerá el cuadro de diálogo de la Figura 2.23, en la que le indicaremos la ubicación del archivo que deseamos abrir.

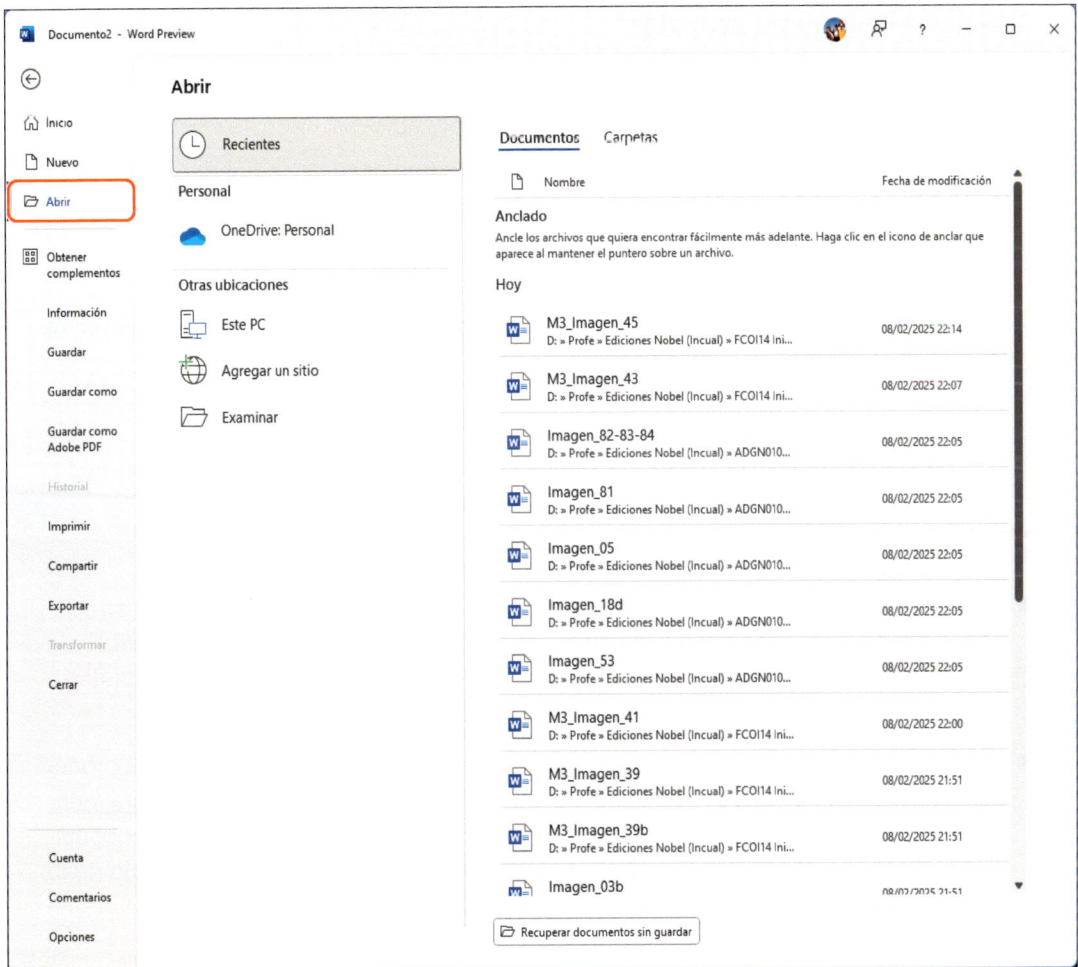

Figura 2.23. Abrir un documento existente.

Guardado de los cambios realizados en un documento

Antes de abandonar un documento deberemos guardar los cambios realizados en el mismo, ya que de no hacerlo habremos perdido el trabajo que hayamos realizado.

Tenemos dos opciones para guardar el documento:

- Pinchar en el icono *Guardar* que está en la barra de herramientas de acceso rápido.

- Pinchar en la ficha ***Archivo*** y seleccionar la opción *Guardar*.

El documento se guardará con el nombre que ya tenía y en la misma ubicación en la que estuviera.

Aplicación de formato de texto

Con el *formato de carácter* controlamos la presentación de los caracteres del documento. Para modificar el formato de carácter disponemos de dos métodos:

1. Activar un formato determinado, escribir el texto que deseamos poner en ese estilo y luego desactivarlo para seguir escribiendo en el formato de partida. Por ejemplo, activaremos la negrita, escribiremos el texto que queremos escribir en ella y luego lo desactivaremos.

2. Una vez escrito el texto, podemos seleccionar el fragmento deseado y aplicarle el formato de carácter que elijamos.

Entre otras, podemos definir las siguientes propiedades:

- *Fuente* o *tipo de letra*. Con esta opción podemos modificar el tipo de letra del texto; seleccionaremos uno de entre los instalados en nuestro sistema operativo.

- *Tamaño de letra*.

- *Estilo de fuente*. En las tipografías más habituales, cada una de las letras y símbolos viene en diversas representaciones: la normal o redonda, la *cursiva* o *itálica* y la **negrita**. Cada estilo corresponde, en realidad, a una definición de carácter distinta en su forma y grosor.

- *Efecto de la fuente*. A los caracteres se les puede aplicar diversos efectos: si el procesador de textos les añade una línea en la parte inferior obtendremos un subrayado. Una línea que cruce los caracteres en la parte central dará lugar a un ~~tachado~~; disminuyendo el tamaño del carácter y desplazándolo hacia arriba o hacia abajo de la *línea base* generará los efectos ^{superíndice} y $_{subíndice}$; las versales o tipografía versalita son caracteres en mayúsculas con el tamaño de una minúscula.

- *Color de la fuente* y *color de resaltado*. Con el color de fuente especificamos la «tinta» de las letras; con el color de resaltado, el fondo de la línea, de modo similar a si usásemos un marcador fosforescente.

Para modificar el formato de carácter disponemos en Word 2024 de un conjunto de botones y selectores dispuestos en la ficha **Inicio**, en el grupo **Fuente**. De izquierda a derecha y de arriba abajo, encontramos los siguientes:

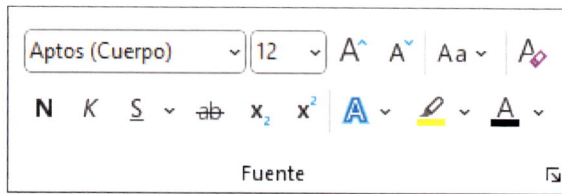

Figura 2.24. Iconos para modificar los atributos de la fuente en Word 2024.

- Selección de tipo de letra [en la Figura 2.24, está activa la Aptos (Cuerpo)]. Se puede seleccionar pulsando con el ratón en el triángulo situado en la parte derecha del selector. Si situamos el cursor sobre el título de la fuente seleccionada, podemos también escribir directamente el nombre de la fuente que queremos escoger.

- Tamaño de letra (en la Figura 2.24, está seleccionado un tamaño de 12 puntos). La selección del tamaño es similar a la de la fuente: seleccionamos de entre los tamaños disponibles desplegando el selector o bien escribimos directamente en el cajetín de texto el tamaño en puntos (de 1 a 1638 en incrementos de 0,5 puntos).

- Botones de incrementar y disminuir el tamaño de letra.

- Botón de conversión entre mayúsculas y minúsculas. Mediante estas opciones convertimos el texto seleccionado en minúsculas o mayúsculas.

- Borrar formato: elimina el formato del texto seleccionado, dejándolo en el formato establecido por defecto.

- Botones para establecer estilos y efectos: negrita (**N**), cursiva (*K*) y subrayado (S); la flecha a la derecha del botón de subrayado permite escoger el *estilo* de subrayado.

- Botones de tachado, subíndice y superíndice.

- Efectos de texto y tipografía. Permite, entre otras cosas, dar al texto un toque especial, aplicándole un efecto de texto, como sombra o iluminado.

- Color de resaltado y color de fuente. Al pulsar la flecha en la parte derecha de los botones se nos abre un cuadro con varias muestras de color. En el color de fuente, se puede seleccionar la opción *Más colores* para seleccionar uno entre toda la paleta.

Si pulsamos en la flechita situada en la esquina inferior derecha del grupo abrimos el cuadro de diálogo *Fuente*, en el que podemos modificar todos los parámetros del formato de carácter.

Tal y como hemos indicado anteriormente, cuando se selecciona un texto aparece un pequeño cuadro emergente (minibarra de herramientas) en el que podemos modificar las características de formato más comunes para el texto seleccionado.

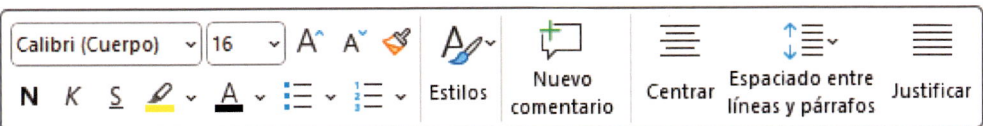

Figura 2.25. Minibarra de herramientas.

Si queremos ver todas las opciones, pulsamos sobre el Iniciador de cuadros de diálogo y se nos muestra la imagen que puedes visualizar en la Figura 2.26.

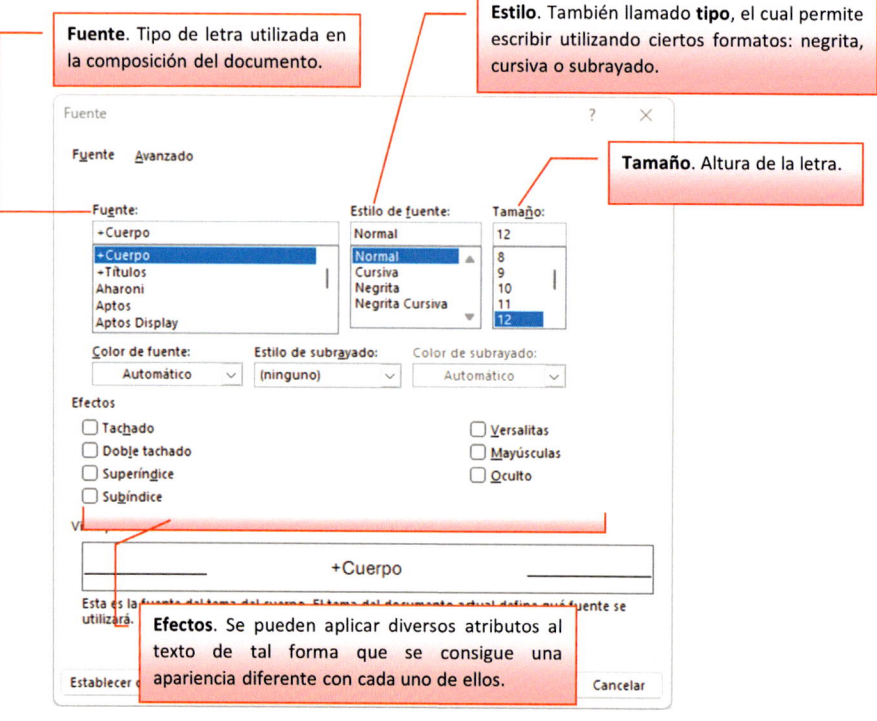

Figura 2.26. Cuadro de diálogo Fuente en Word 2024.

En la Figura 2.27 se puede observar una imagen en la que se han aplicado diferentes atributos de la fuente.

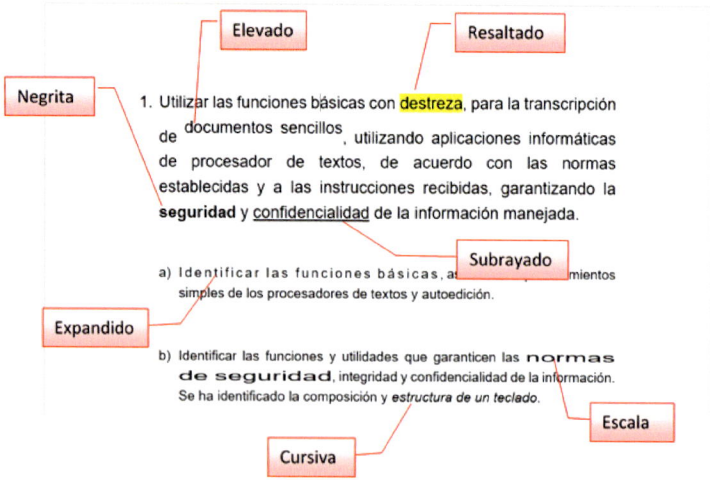

Figura 2.27. Atributos de fuente aplicados en un texto de Word 2024.

2.2. Creación de un fichero de imagen con un editor sencillo

El retoque fotográfico constituye una tarea que, aparte de ser propia de una profesión, se generaliza cada vez más a numerosas tareas profesionales, así como también al público en general. Las cámaras digitales y la edición gráfica mediante el ordenador son factores claves que explican la divulgación de los procedimientos fotográficos.

Los programas para la edición fotográfica son diversos y la mayoría presenta una notable riqueza de posibilidades de trabajo. Nosotros vamos a realizar la explicación de este apartado con GIMP, que es un programa de *software* libre.

Entrada y salida del programa

La aplicación se abre haciendo clic en el menú *Inicio* y seleccionamos la aplicación **GIMP**.

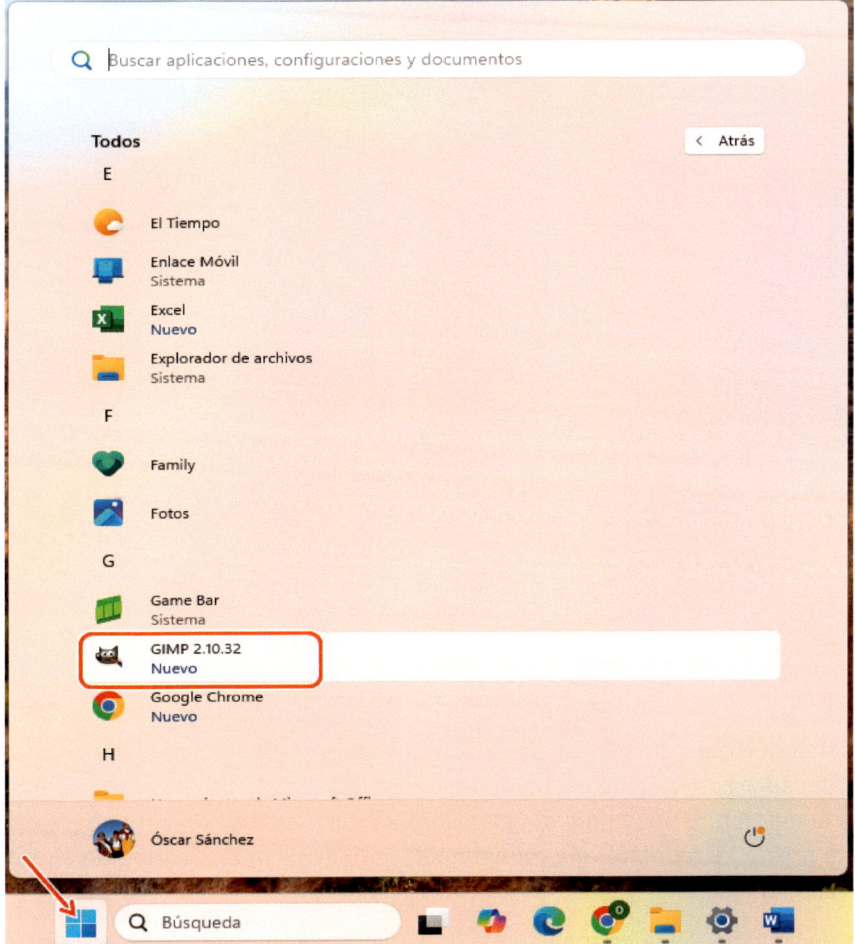

Figura 2.28. Apertura de GIMP 2.

La salida del programa se realiza de la misma forma que en cualquier otro, o bien desde el menú **Archivo**, o bien desde el icono cerrar de la ventana.

Ventana del programa

La estructura básica del programa, tal y como se puede observar en la Figura 2.29, consta del área de trabajo, la Caja de herramientas, pestañas y los cuadros de diálogo que permiten acceder a diversas funciones del programa.

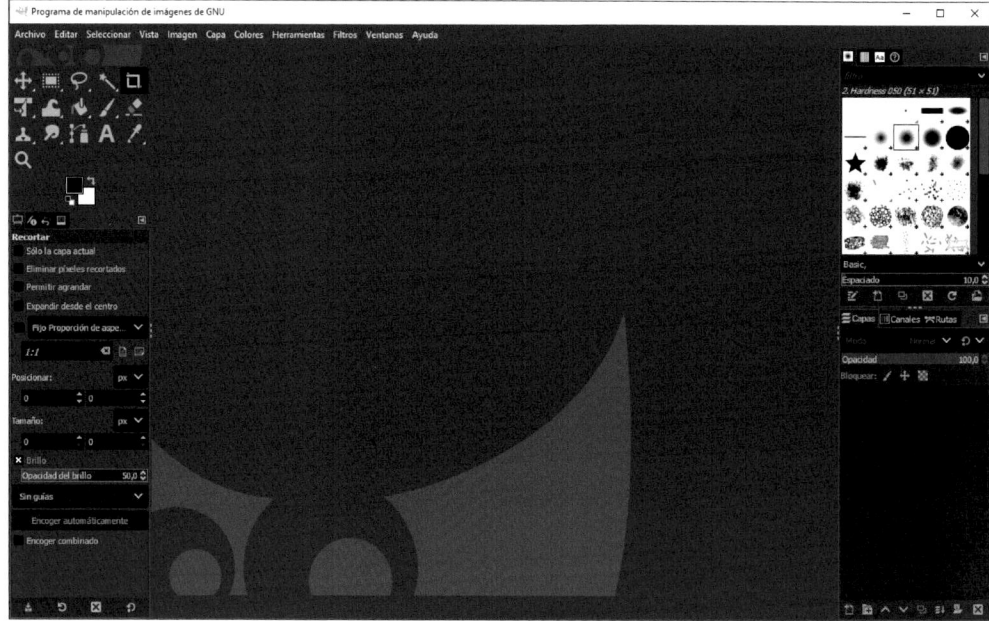

Figura 2.29. Ventana de GIMP 2.

Apertura de una imagen

Para abrir una imagen y empezar a trabajar con ella es preciso pinchar en el menú **Archivo>Abrir**, apareciendo el cuadro de diálogo que se observa en la Figura 2.30.

Desde el **área izquierda** se muestra una representación de las unidades disponibles en el ordenador en el que se encuentra instalado el programa. En el **área central** se visualiza la estructura de la unidad seleccionada en el área de la izquierda. En la zona de **Vista previa** se muestra una miniatura del archivo y una descripción sintética de sus características.

Una vez seleccionada la imagen con la que queremos trabajar, pulsamos en el botón **Abrir** y ya podemos comenzar a trabajar.

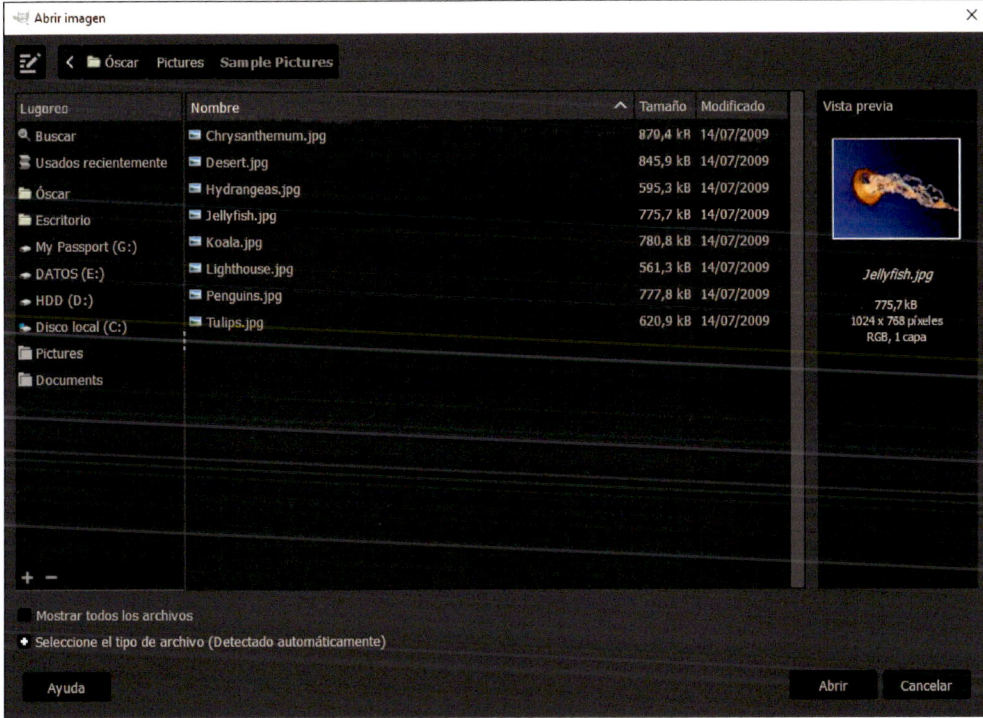

Figura 2.30. Abrir una imagen en GIMP 2.

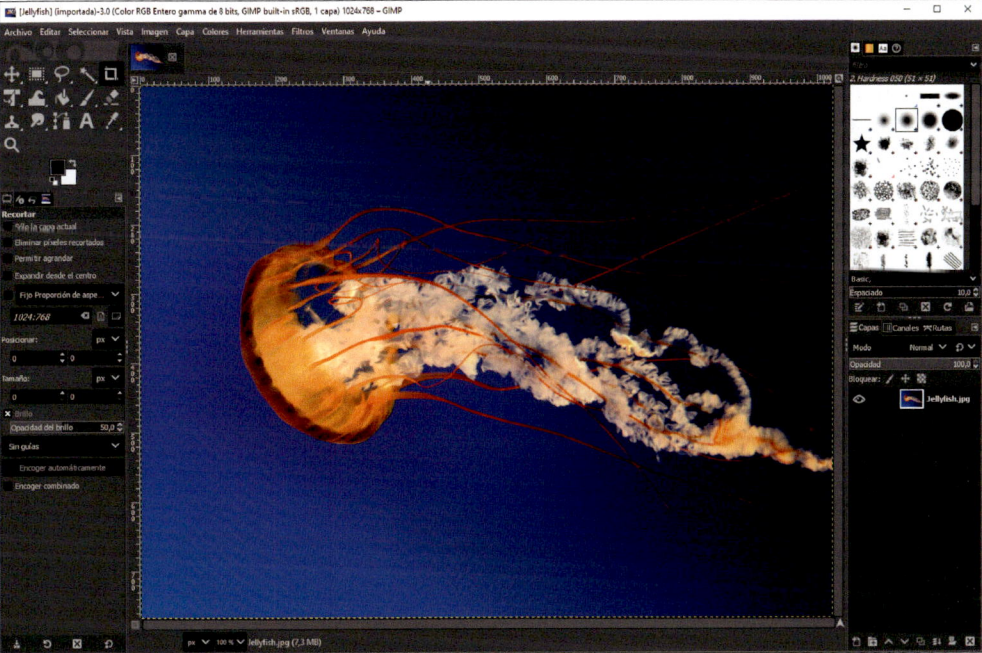

Figura 2.31. Ventana de GIMP para empezar el trabajo.

Guardado de los cambios realizados en una imagen

Una vez que se han realizado los cambios sobre la imagen, podemos **Guardar** (a través de la opción que lleva este nombre del menú **Archivo**).

Si lo que se desea es guardar la imagen en algún otro formato, seleccionaremos la opción **Archivo>Exportar como...** Como podemos comprobar en la Figura 2.32, son muchos los formatos soportados por este programa.

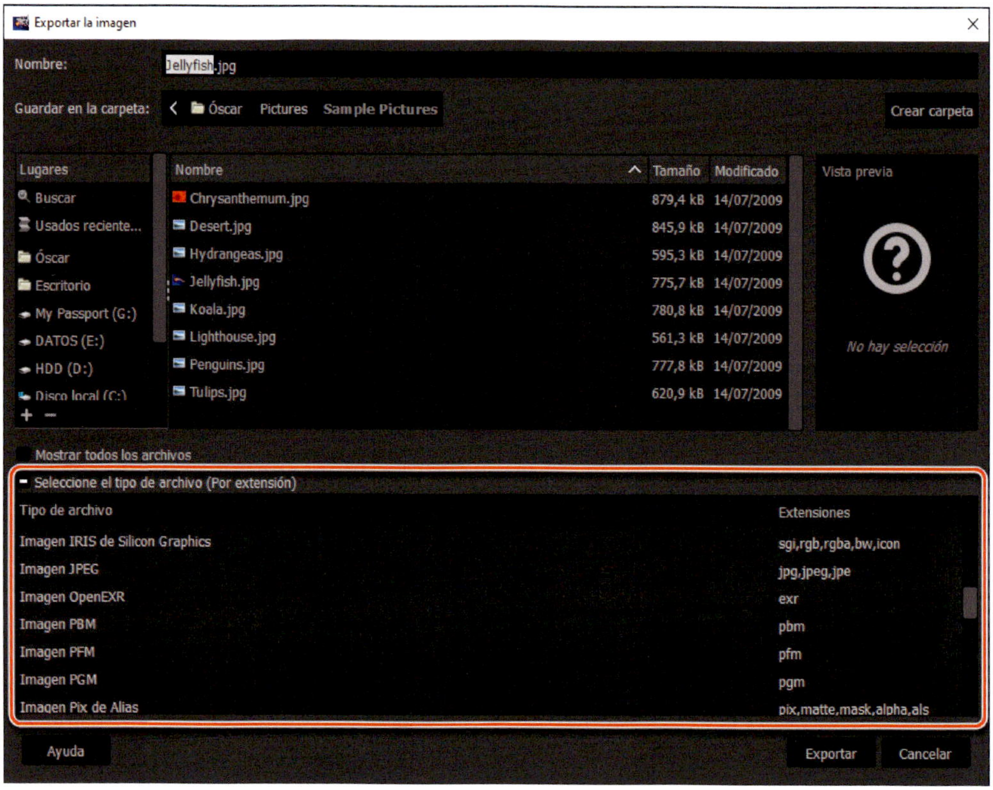

![Captura de la ventana "Exportar la imagen" de GIMP 2 mostrando el nombre del archivo Jellyfish.jpg, la carpeta de destino, la lista de archivos de imagen disponibles y el desplegable "Seleccione el tipo de archivo (Por extensión)" con varios formatos de imagen y sus extensiones.]

Figura 2.32. Formatos de imagen en los que guarda GIMP 2.

Corregir colores

El programa dispone de muchas opciones para modificar el color de las imágenes, llevándose a cabo desde el menú **Colores**. En este menú se dispone de la opción **Auto** donde el programa ajusta automáticamente los colores en función de la opción elegida.

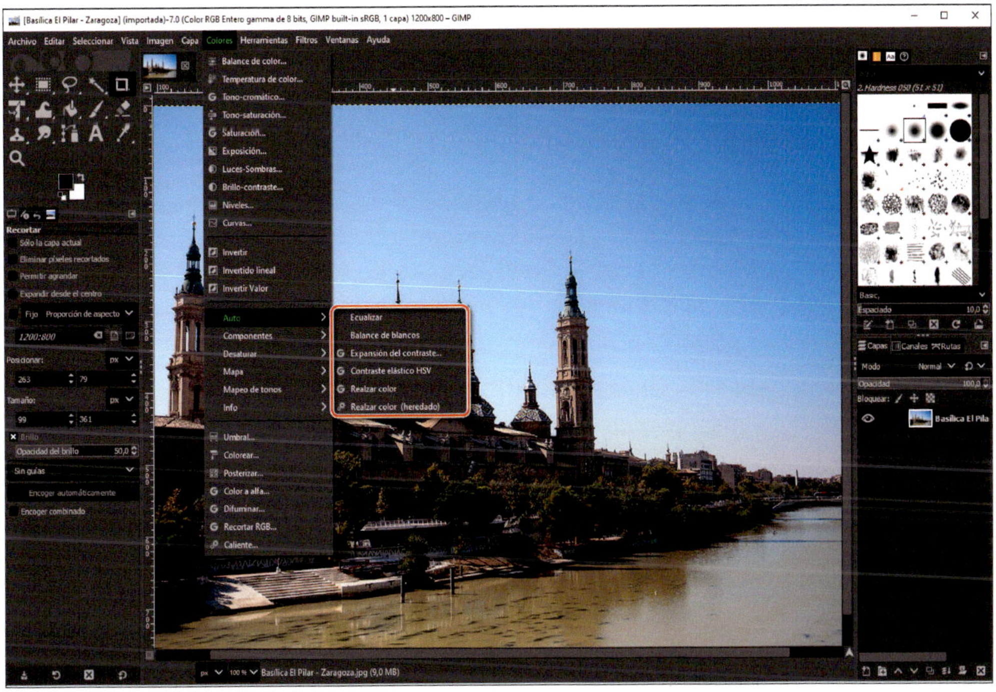

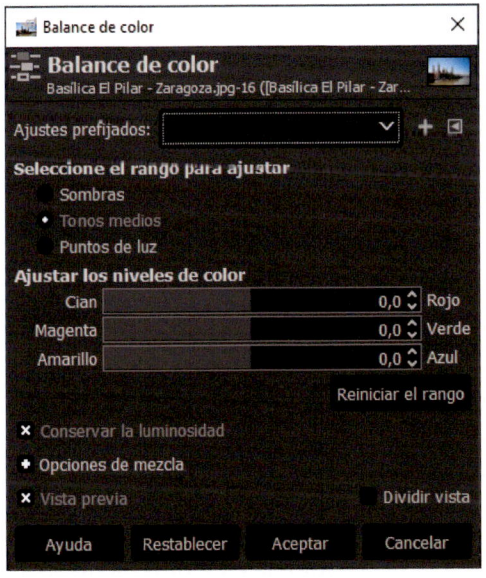

Figura 2.33. Ajuste automático de los colores.

Existen muchas más opciones para modificar los colores de las imágenes, apareciendo diversos cuadros de diálogo en función de la opción elegida.

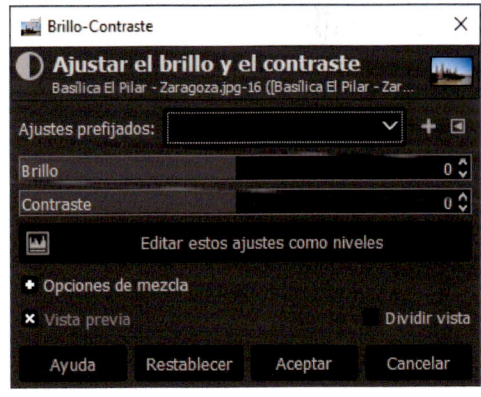

Figura 2.35. Ajustar el brillo y el contraste.

Figura 2.34. Ajustar el balance de colores.

Si te has equivocado a la hora de modificar los colores, no te preocupes, que siempre vas a poder **Deshacer** desde el menú **Editar**.

Imprimir una imagen tomada por una cámara digital

La mayoría de las cámaras digitales compactas graban las imágenes en dos formatos: JPG y TIFF; mientras tanto, las cámaras réflex digitales utilizan mayoritariamente el formato RAW. Mientras el JPG es un formato de compresión de la imagen con pérdidas, el TIFF conserva la totalidad de la información. Asimismo, el RAW mantiene siempre los datos de origen.

De todas formas, debemos tener en cuenta que los formatos sin pérdidas ocupan una enorme cantidad de información.

Desde la opción **Imagen>Propiedades de la imagen** se pueden observar las características de la imagen: tamaño en píxeles, tamaño de la impresión, resolución... Para modificar el tamaño de la impresión debemos acceder a la opción **Imagen>Tamaño de la impresión...**

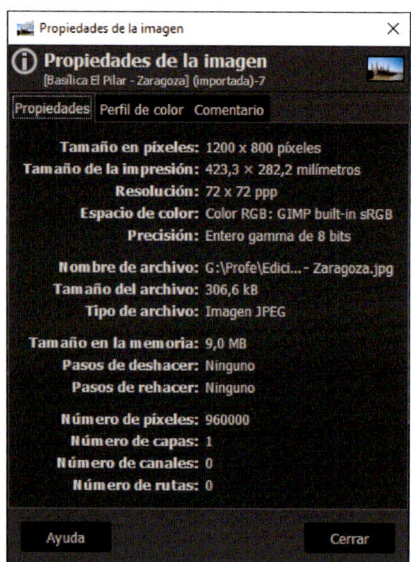

Figura 2.36. Propiedades de la imagen.

Figura 2.37. Establecer tamaño de impresión.

Características de los formatos de imagen en internet: GIF y JPG

Existen muchos tipos de archivos de imágenes disponibles, siendo los más comunes en internet el GIF y el JPG. Cada uno de ellos tiene sus ventajas e inconvenientes, por lo que, si los conoces mejor, te permitirá decidir cuál es el que necesitas usar.

La mayoría de los navegadores tienen la capacidad de mostrar los dos tipos de imágenes sin ningún problema. Entonces, ¿cuál elegir?

El formato JPG tiene un tamaño reducido puesto que comprime hasta 100 veces la imagen. El problema con esta compresión es que es permanente y siempre va a reducir la calidad.

El formato GIF soporta animaciones y transparencias. Este formato, aunque no crea distorsión en la imagen, sí que difumina bastante los colores. Se suele usar principalmente cuando se quieren crear imágenes animadas.

2.3. Integración de texto e imagen en un documento

Las aplicaciones de procesamiento de textos proporcionan la posibilidad de incluir imágenes que complementen el texto del documento. Además, es posible modificar su tamaño, sus proporciones o, en algunos casos, algunos de sus parámetros (el brillo o el contraste, por ejemplo).

Se pueden incluir imágenes en nuestro documento de dos maneras: *copiando* y *pegando* una imagen desde otra aplicación (por ejemplo, un programa de dibujo o de retoque fotográfico) o bien *insertando* la imagen desde un archivo.

Insertando imágenes desde un archivo

Para insertar una imagen desde archivo emplearemos la ficha ***Insertar*** y pincharemos en el icono *Imágenes*. En el cuadro de diálogo correspondiente escogeremos el archivo que contiene la imagen que queremos insertar.

Word incluye la imagen en el documento y a su alrededor aparecen nueve controles con forma de pequeños círculos y cuadrados. Con estos controles podemos modificar el tamaño, las proporciones y el ángulo de rotación de la imagen:

- Los controles de las esquinas permiten modificar el tamaño de la imagen manteniendo sus proporciones originales.

- Los controles situados en el centro de cada lado sirven para modificar la imagen solo en una dirección: de este modo la imagen original alterará sus proporciones y quedará estirada horizontal o verticalmente.

- Con la flecha circular situada en la parte superior podemos controlar el *ángulo de rotación* de la imagen.

Una vez introducida la imagen aparece la ficha ***Formato de imagen***. Esta ficha se activa siempre que seleccionamos una imagen del documento haciendo clic sobre ella. En esta ficha disponemos de varias funciones para manipular la imagen:

- Mediante los botones del grupo **Ajustar** modificaremos algunas de las características de la propia imagen, tales como el brillo o el contraste. También podemos sustituir una imagen por otra, manteniéndose de este modo el tamaño y la posición de la seleccionada originalmente.

Figura 2.38. Formato de imagen en Word 2024.

- En el grupo **Estilos de imagen** tenemos la posibilidad de insertar diversos tipos de sombras o contornos para, por ejemplo, difuminar los bordes de la imagen o añadirle un marco. Es posible asimismo especificar la forma de la imagen para que esta se adapte, por ejemplo, a un marco triangular o elíptico, así como especificarle un contorno coloreado. Pinchando en la flechita de la esquina inferior derecha del grupo accedemos al panel lateral derecho (*Formato de imagen*) en el que podemos especificar de modo exhaustivo todos estos estilos.

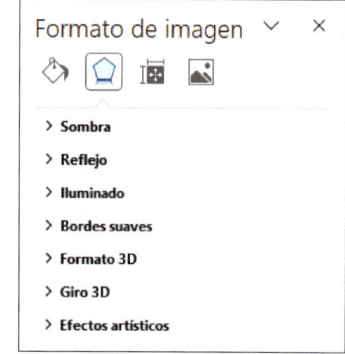

Figura 2.39. Opciones de formato de imagen.

- En el grupo **Organizar** se ubican varias funciones que, por su importancia, requieren un tratamiento detallado.

(a) Por defecto, la imagen se inserta *en línea con el texto*, es decir, se comporta como si fuera un carácter más. El botón *Posición* permite modificar este comportamiento: si escogemos una de las opciones *Con ajuste de texto*, la imagen puede moverse y situarse en cualquier punto de la página, por defecto, el texto se moverá para ceñirse al marco de la imagen.

(b) El *Ajuste de texto* permite especificar las características de ese ceñido.

(c) Cuando tenemos varias imágenes superpuestas, podemos controlar el *orden de superposición* —qué imágenes se ven encima y cuáles debajo— mediante los botones *Traer adelante* y *Enviar atrás*.

(d) El grupo de opciones de *Alinear* permite controlar la alineación de la imagen.

(e) Con el botón *Agrupar* podremos reunir dos o más objetos para moverlos y darles formato como si fuera un único objeto.

© Ediciones Paraninfo

(f) Mediante las opciones de *Girar objetos* tenemos la posibilidad de rotar la imagen un ángulo normalizado (90 grados a la derecha, a la izquierda o 180 grados) o arbitrario, o bien *voltearla*. Voltearla es generar la imagen simétrica según un eje vertical u horizontal.

■ Por último, en el grupo **Tamaño** disponemos de la opción de *Recortar* la imagen y podemos también especificar su tamaño con precisión.

Imágenes en línea

Además de las imágenes procedentes de un archivo, Word nos brinda asimismo toda una galería de *Imágenes en línea*. Cuando en la ficha **Insertar** seleccionamos *Imágenes en línea...*, se abre el cuadro de diálogo *En línea Imágenes*. A través de él podemos insertar imágenes buscadas por internet o disponibles en nuestro espacio OneDrive. Una vez insertada, su funcionamiento es idéntico a lo explicado en el apartado anterior.

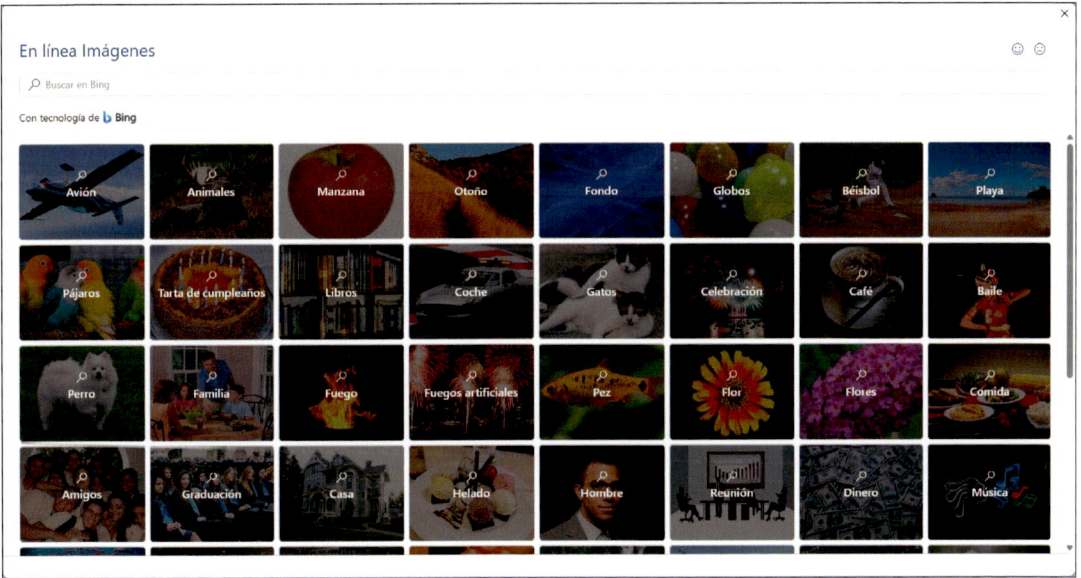

Figura 2.40. Cuadro de diálogo para insertar imágenes en línea en Word 2024.

2.4. Impresión de documentos

Lo más habitual es que después de haber creado un documento, este se imprima. Para imprimir un documento deberemos pinchar en la ficha **Archivo** y seleccionar la opción *Imprimir*. En la ventana que aparece, nos permite elegir las siguientes opciones:

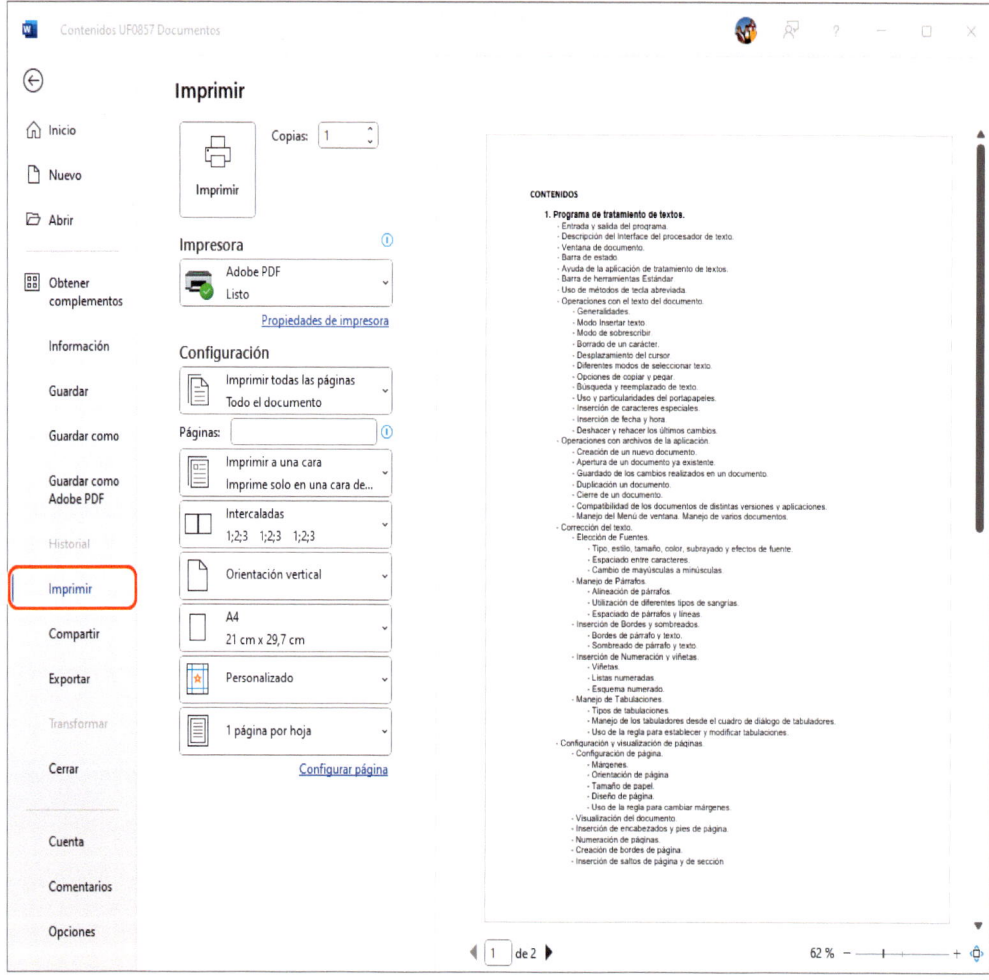

Figura 2.41. Opciones de impresión en Word 2024.

- **Impresora.** Habremos de seleccionar aquella que se quiere emplear de la lista de impresoras disponibles (las impresoras instaladas en nuestro sistema operativo).

- **Configuración.** Las opciones disponibles dentro de este epígrafe son:

  — Páginas que imprimir. A través de esta opción podremos seleccionar qué páginas se imprimirán, y si deseamos que aparezcan las revisiones o la información del documento, entre otras cosas.

  — Intercaladas. Si el documento tiene varias páginas, y se desean imprimir varias copias de ellas, esta opción permite definir si las hojas saldrán intercaladas o no.

  — Orientación. Permite seleccionar la orientación de la hoja: vertical u horizontal.

— Tamaño del papel. Desde aquí se puede seleccionar el tamaño del papel en el que se imprimirá.

— Márgenes. Gracias a esta opción podremos modificar los márgenes del documento.

— Páginas por hoja. Podemos seleccionar que, en lugar de imprimir una página por hoja, reduzca el tamaño del documento para poder imprimir varias páginas en la misma hoja.

■ **Copias.** Número de copias que queremos obtener.

■ **Imprimir.** Al pulsar sobre este botón comenzará la impresión del documento en función de los parámetros que se hayan establecido en las opciones de *Configuración*.

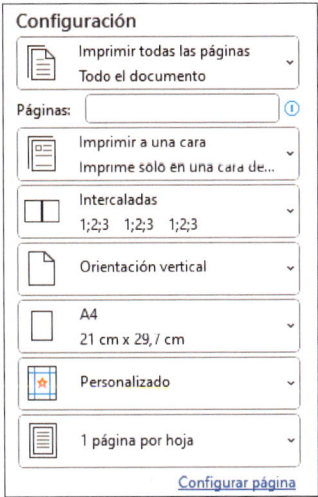

Figura 2.42. Opciones de configuración de la impresión.

2.5. Del ordenador personal a sistemas multiusuario

El uso del ordenador en nuestra sociedad ha ido creciendo de forma exponencial durante los últimos años, hasta tal punto de que hoy en día es muy probable que en cada hogar exista un ordenador personal y, además, cuente con conexión a internet.

Los ordenadores son máquinas que necesitan unas instrucciones para que hagan su trabajo. Sin embargo, todas esas instrucciones son gestionadas a través del sistema operativo, de tal forma que podríamos decir que el sistema operativo es algo así como el rey de los programas. Sirve de punto de unión entre el usuario, todos los otros programas que se ejecuten en el ordenador y el *hardware* y los dispositivos que están conectados a él.

Cuando se enciende el ordenador, tras unos segundos, aparece en la pantalla lo que se denomina escritorio, esto es posible porque el ordenador lleva instalado un sistema operativo (o *software*), que es un conjunto de instrucciones que hace que el ordenador reconozca todos los elementos que lo componen y además dirige, como si fuese un policía de tráfico, todos los componentes y programas que están en el ordenador.

Figura 2.43. Sistemas operativos.

Las funciones básicas del sistema operativo son:

- Controlar todos los componentes y programas que tiene el ordenador.
- Hacer más cómodo el manejo del ordenador.
- Hacer posible que varios programas estén trabajando a la vez.
- Conseguir que cada uno de los componentes funcione en el momento que es requerido por el usuario.
- Cumplir las órdenes del usuario del equipo cuando quiere acceder a un programa.
- Detectar tanto los errores cometidos por el usuario como de los programas o de los periféricos.
- Gestionar la memoria del ordenador.
- Copiar, crear, mover y eliminar archivos y carpetas.
- Permitir el intercambio de información con otros equipos.
- Instalar y eliminar programas.
- Establecer conexiones con otros equipos y con internet.
- Realizar copias de seguridad.
- Controlar el acceso de los usuarios y programas.

La clasificación de los sistemas operativos varía en función de diferentes parámetros, uno de ellos hace referencia al número de usuarios conectado al ordenador.

De esta forma nos encontramos con sistemas operativos **monousuario**, que son aquellos que solamente pueden atender a un único usuario debido a las limitaciones creadas por el *hardware*, los programas o el tipo de aplicación que se esté ejecutando. Los ordenadores personales típicamente se han clasificado en esta categoría.

En contrapartida tenemos los sistemas operativos **multiusuario**, que son capaces de dar servicio a más de un usuario a la vez, ya sea por medio de varios terminales conectados al ordenador o por medio de sesiones remotas en una red de comunicaciones. La mayoría de las empresas y organizaciones cuentan con estos sistemas operativos.

2.6. Ventajas del trabajo en red

Cuando dos o más ordenadores están conectados entre sí y, además, pueden compartir información y recursos como impresora, escáner, etc., se dice que trabajan en red.

La conexión entre los ordenadores puede ser mediante cable o inalámbrica.

Una de las principales ventajas de los equipos informáticos es el poder compartir información y recursos. Al conectarnos a otra red, podremos intercambiar archivos, usar aplicaciones conjuntas, juegos, compartir impresoras, etc.

El acceso a las opciones de redes, en Windows 11, se realiza desde el **Centro de redes y recursos compartidos**, desde el **Panel de control>Redes e Internet**.

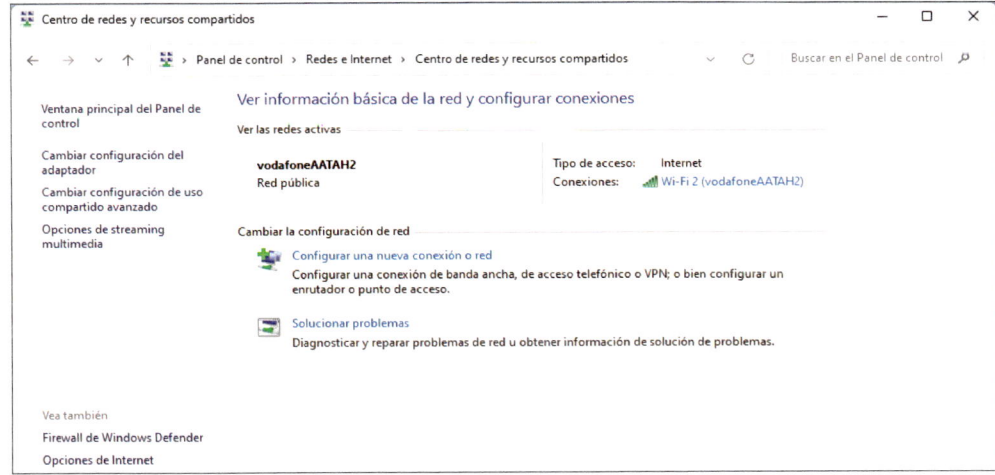

Figura 2.44. Centro de redes y recursos compartidos en Windows 11.

En principio, para cada usuario creado, se creará una carpeta en **C:\usuarios** (c:\users) con su nombre, que contendrá sus documentos, imágenes, música, etc. A esta carpeta solo pueden acceder el usuario y el administrador.

Es bastante usual que dos usuarios estándar quieran compartir documentos entre ellos. La forma rápida de compartir la carpeta es seleccionándola y pulsando el botón **Conceder acceso a** del menú contextual (si no pudieras ver esta opción, debes seleccionar **Mostrar Más opciones**).

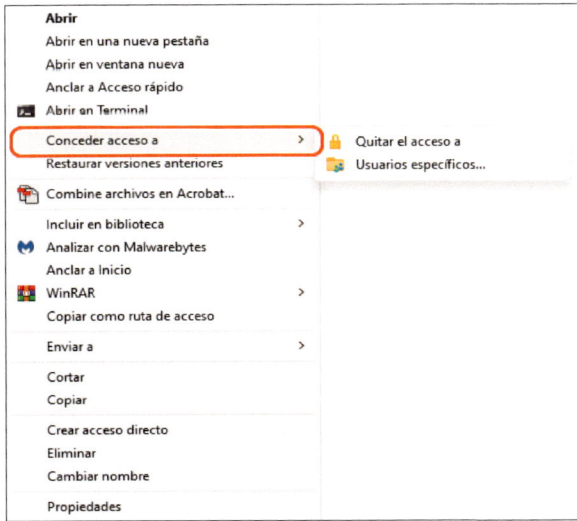

Figura 2.45. Opción de compartir en Windows 11.

Se desplegará un menú que nos permitirá:

- **Quitar el acceso a.** Esta opción es especialmente útil si, por ejemplo, compartimos una carpeta (o directorio), pero queremos indicar que una subcarpeta en concreto no se comparta.

- **Usuarios específicos...** Nos permite compartir con otros usuarios del mismo equipo o con todos ellos mediante un sencillo desplegable. Veamos cómo funciona:

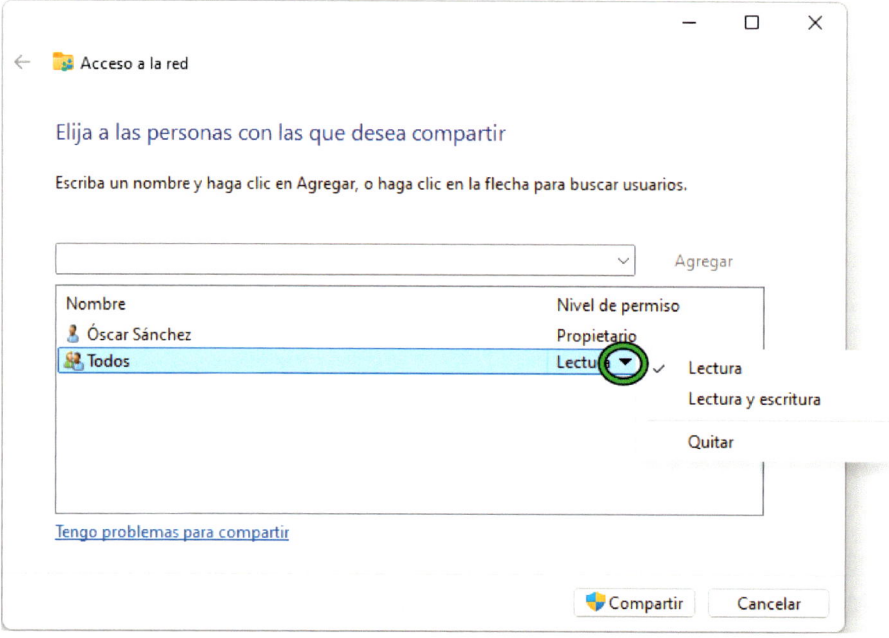

Figura 2.46. Compartir con usuarios específicos.

Si pulsamos la flecha que se encuentra junto al botón **Agregar** se desplegarán las opciones. Elegimos los usuarios del equipo con los que queramos compartir archivos y pulsamos **Agregar**.

Aparecerá en la lista inferior. En la columna **Nivel de permiso** podremos elegir los permisos que damos a cada usuario sobre la carpeta: **lectura** o **lectura y escritura**. También les podremos **quitar** los permisos, es decir, dejar de compartir esta carpeta con este usuario.

Esta es la forma simple de compartir documentos, pero podemos restringir mucho más qué puede y qué no puede hacer cada usuario.

Otra opción que tenemos cuando se trabaja en red es poder buscar los equipos y los recursos que hay disponibles en la misma. Hacemos clic en el enlace **Ver los equipos y dispositivos de red** que encontraremos en la sección **Centro de redes y recursos compartidos** de **Panel de control>Redes e Internet**.

Aparecerá una ventana del *Explorador de archivos* parecida a la que se muestra en la Figura 2.45.

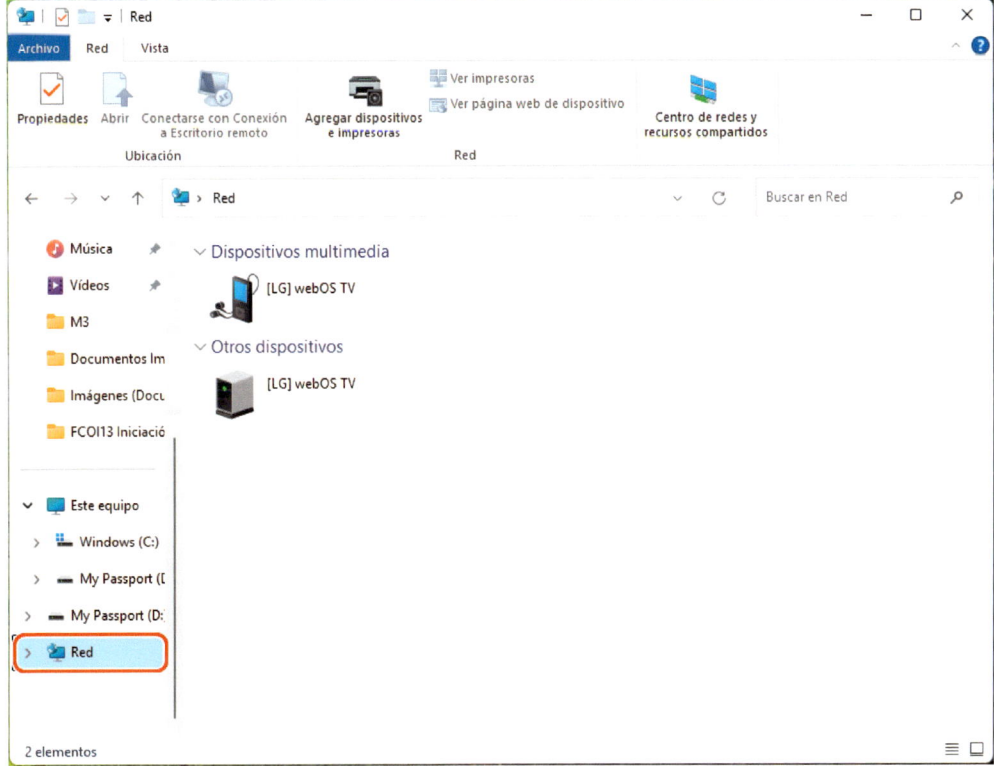

Figura 2.47. Equipos disponibles en la red.

3

Ejecución de las funciones y comandos principales del sistema operativo

Un sistema operativo es el conjunto de programas esenciales que permite que un ordenador, dispositivo móvil u otro equipo electrónico funcione correctamente. Su principal tarea es gestionar los recursos del *hardware* y ofrecer una base estable sobre la que se ejecutan las aplicaciones. En otras palabras, actúa como intermediario entre la máquina y el usuario, facilitando la comunicación y el uso de los recursos disponibles.

El *Panel de control* reúne una serie de herramientas y opciones que permite modificar y establecer los parámetros de configuración de Windows.

Para acceder al *Panel de control* se pulsa sobre el menú **Inicio**, y en la barra de la parte superior, lo escribimos, tal y como puedes ver en la Figura 3.1. También puedes acceder desde el menú **Inicio**, dentro de la opción *Herramientas de Windows*.

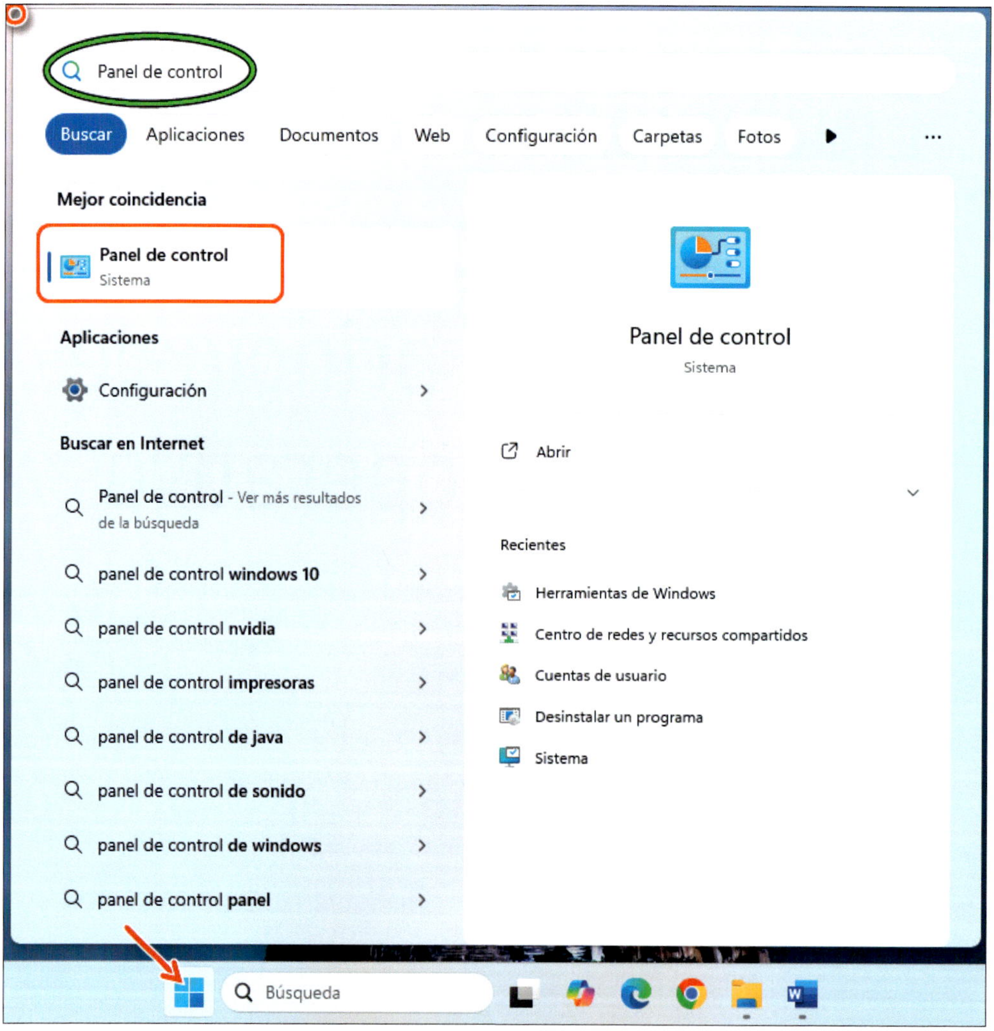

Figura 3.1. Acceso al Panel de control.

Cuando se accede al mismo, se muestra una ventana como la que se visualiza en la Figura 3.2.

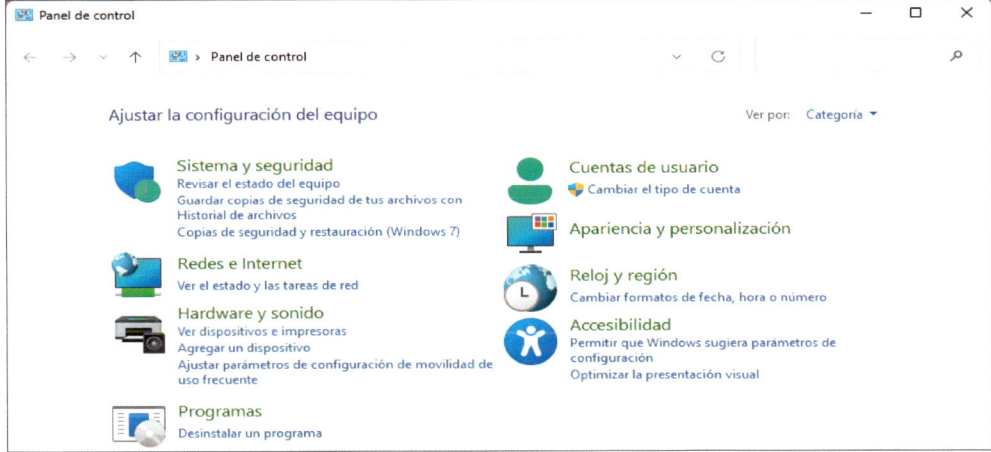

Figura 3.2. Opciones del Panel de control.

A continuación, se explicarán las opciones fundamentales del Panel de control.

3.1. Programas

Además del sistema operativo, los ordenadores suelen tener instalados otros muchos programas. En algún momento, alguno de ellos puede dejar de sernos útil y querremos quitarlo. Para ello, Windows incorpora la herramienta *Programas*, ya que todos sabemos que no se debe eliminar una aplicación borrando sus archivos a mano, porque durante el proceso de instalación de la mayoría de las aplicaciones, además de copiarse los archivos necesarios, Windows genera unas anotaciones en el registro de Windows (archivo que contiene una base de datos con toda la información del sistema, aplicaciones y configuraciones de usuarios) y modifica ciertos ficheros de configuración del sistema.

Además, el propio sistema operativo tiene ciertas aplicaciones que pueden ser agregadas o eliminadas del mismo.

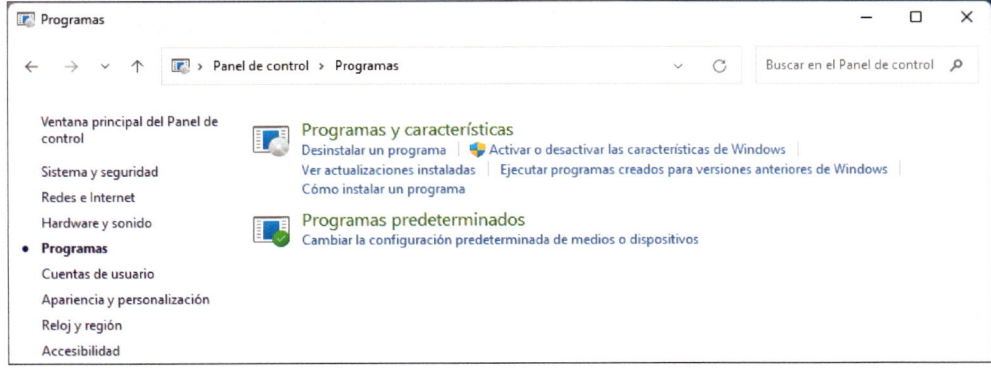

Figura 3.3. Administración de los Programas instalados en Windows.

3.2. *Hardware* y sonido

Es posible que en algún momento queramos agregar nuevos componentes *hardware* a nuestro equipo, ya sea para agregar nuevas funciones o para sustituir los que tenemos por otros mejores. Por ejemplo, podemos agregar una tarjeta wifi, una tarjeta de sonido más potente, conectar una impresora o nuestro teléfono móvil.

Podemos decir que un componente *hardware* se compone de dos cosas: el elemento físico (la tarjeta, la impresora, etc.) y sus controladores (o *drivers*).

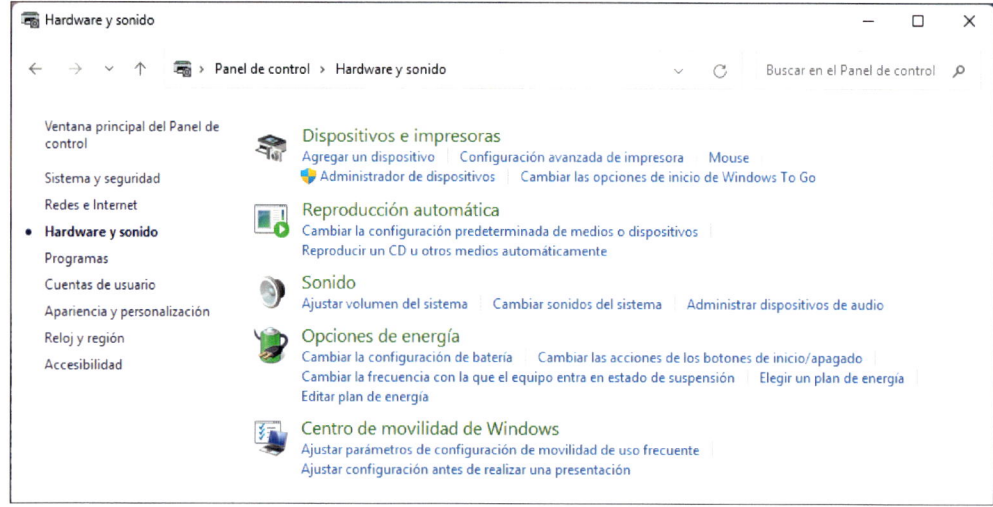

Figura 3.4. Configuración del *hardware*.

3.3. Herramientas del sistema

Windows 11 incorpora algunas herramientas para optimizar el funcionamiento del ordenador. Aunque la mayoría de ellas están reunidas en la carpeta Herramientas de Windows (disponible desde el menú **Inicio**), también puedes encontrarlas en el Panel de control. Ver Figura 3.5.

3.4. Windows Update

Aunque esta opción ya estaba disponible en versiones anteriores, Windows ofrece un mecanismo de actualización que permite a las personas usuarias acceder fácilmente a las últimas funciones, parches y actualizaciones de seguridad.

Dentro de la opción de **Configuración** nos encontramos con varias opciones, tal y como se puede ver en la Figura 3.6, siendo una de ellas Windows *Update*.

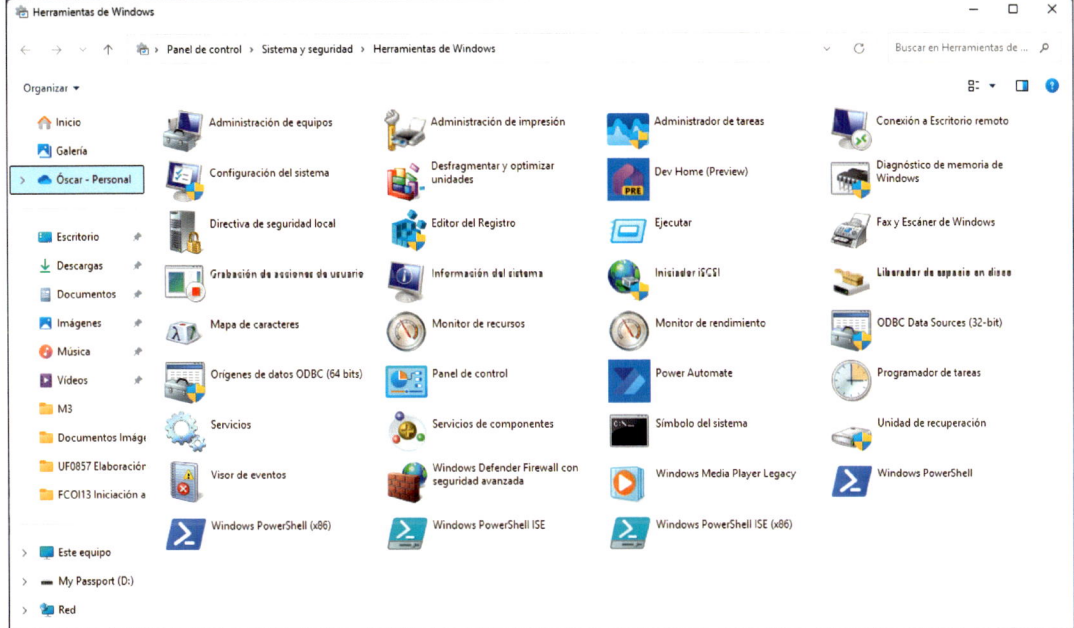

Figura 3.5. Herramientas de Windows 11.

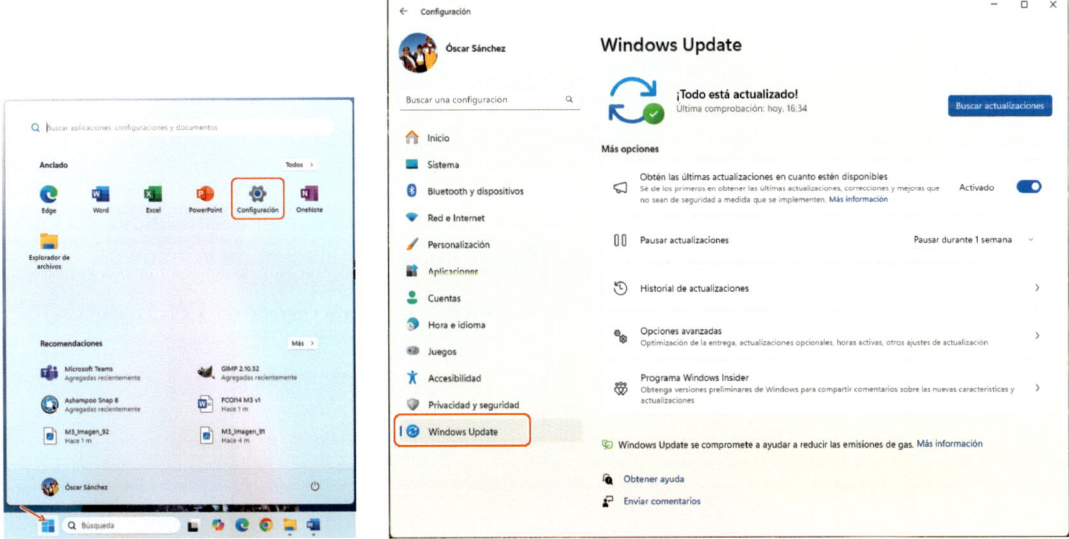

Figura 3.6. Configuración: Windows *Update*.

Gracias a esta opción, que se puede pausar aunque no deshabilitar, puedes asegurarte de que el dispositivo está seguro y actualizado. Esto significa que recibirás las últimas correcciones y actualizaciones de seguridad, que contribuirá a un funcionamiento eficiente y protegido.

3.5. Cuentas de usuario

Cuando varias personas comparten un equipo, lo ideal es que cada una de ellas inicie sesión con un usuario distinto. Esto permite que cada usuario tenga a su gusto el escritorio, sus archivos, sus vínculos favoritos, la configuración del sistema, etc.

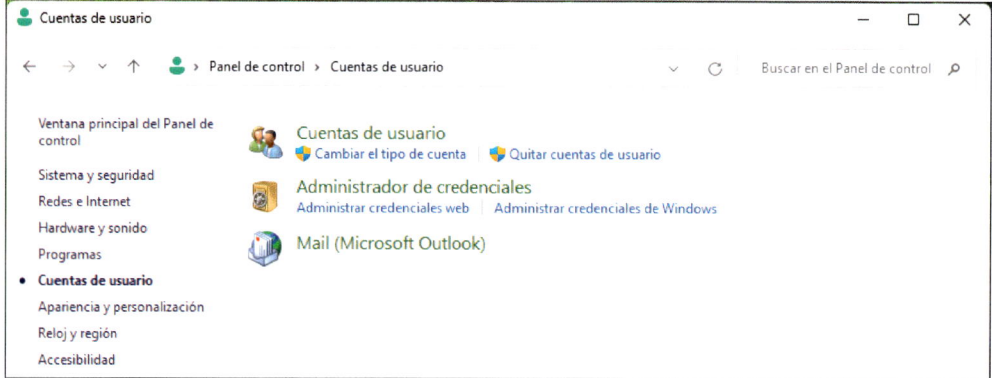

Figura 3.7. Gestión de los usuarios en Windows 11.

3.6. Copilot

Esta opción es una de las últimas novedades de Windows 11, y es la **inteligencia artificial** (IA) de Microsoft. De esta forma, desde la propia *interface* de Windows, los usuarios tendrán acceso a todos los beneficios de la IA, es decir, Copilot funciona como un asistente inteligente.

Aunque el acceso a esta opción se encuentra disponible desde el menú ***Inicio***, en la barra de tareas queda anclado automáticamente tras la instalación de Windows.

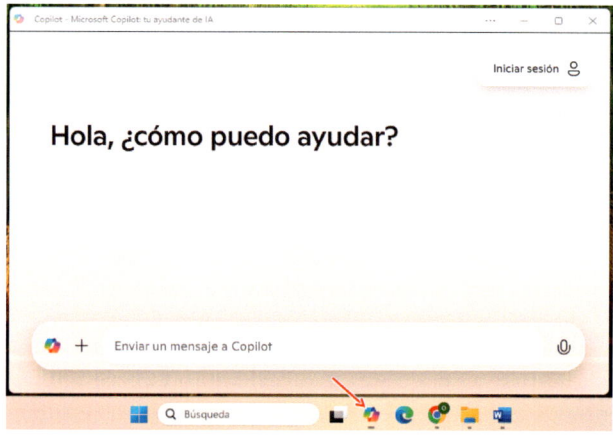

Figura 3.8. Copilot en Windows 11.

Ejecución de las funciones y comandos principales del explorador de archivos: copiar, mover, borrar ficheros

En el sistema operativo Windows, las operaciones de copiar, mover y borrar ficheros constituyen acciones básicas para la gestión de la información. Estas funciones permiten organizar los documentos y mantener un control eficiente sobre el espacio de almacenamiento, siendo esenciales en el uso cotidiano del ordenador.

Tal y como te hemos explicado anteriormente, la gestión de los ficheros y carpetas que utilizas puede realizarse de varias maneras, siendo una de ellas a través del **Explorador de archivos**.

Para acceder al mismo se pulsa sobre el menú *Inicio*, dentro de la opción *Sistema de Windows*.

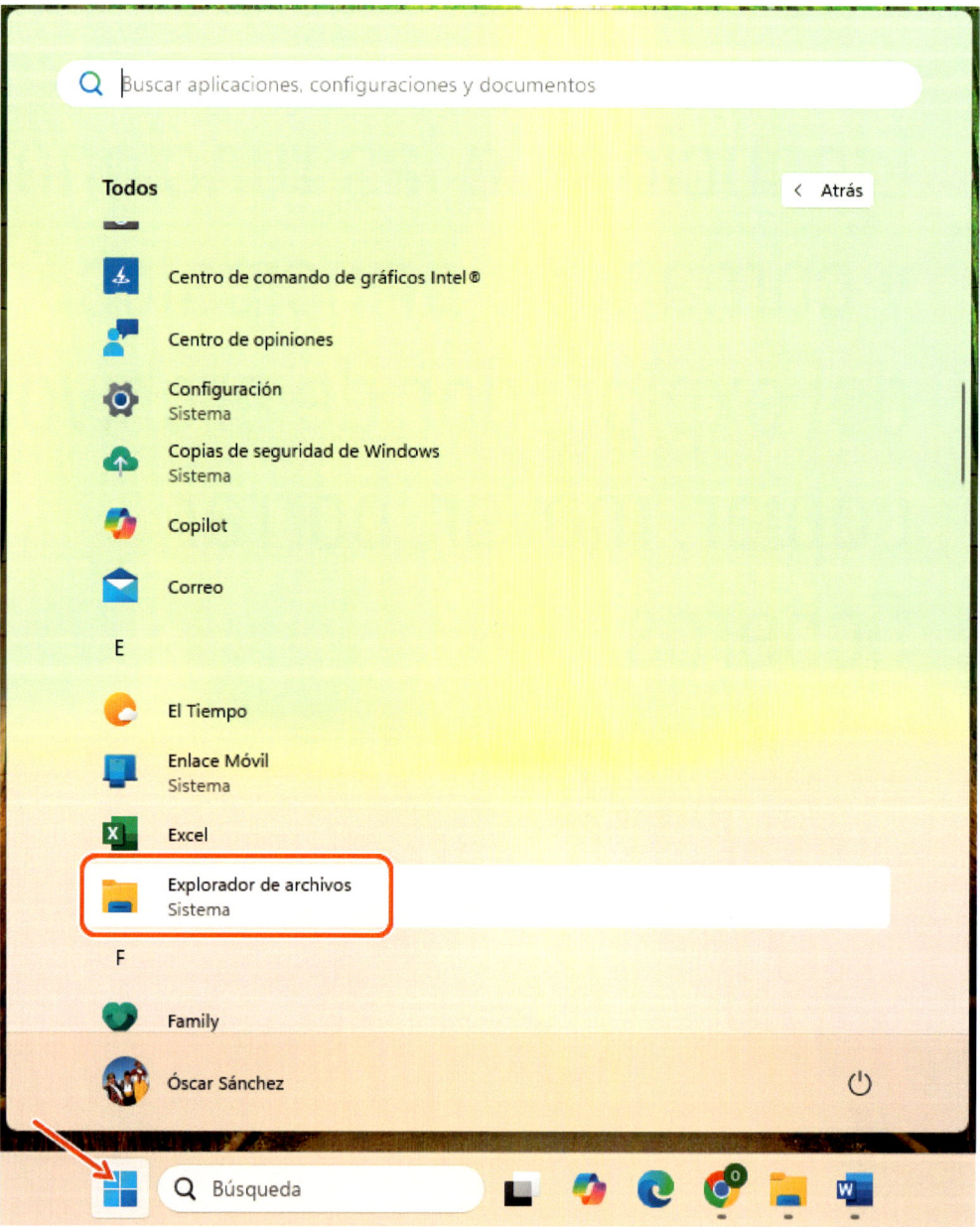

Figura 4.1. Acceso al Explorador de archivos.

Para realizar las acciones de copiar, mover o borrar ficheros puedes utilizar la técnica de arrastrar (hacer clic con el botón izquierdo del ratón y, sin soltarlo, arrastrar y soltar).

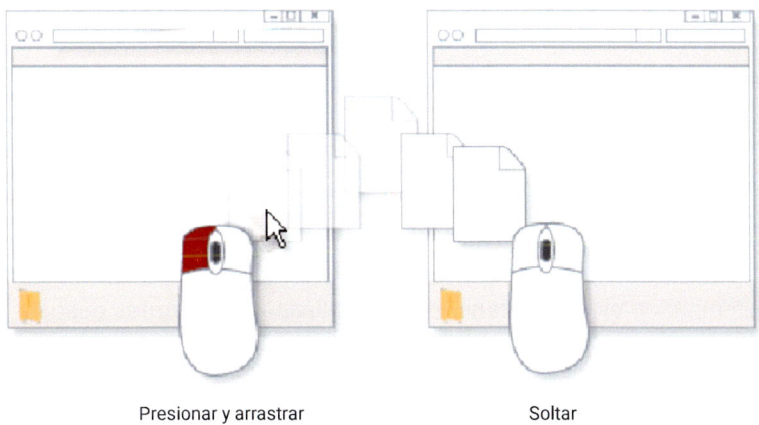

Presionar y arrastrar   Soltar

Figura 4.2. Técnica de arrastrar con el ratón.

4.1. Copiar

A través de esta opción realizas un duplicado de un fichero, documento o carpeta en la misma unidad en la que se está trabajando o en otra distinta. Debes realizar los siguientes pasos:

1. Se coloca el puntero del ratón sobre el elemento que se quiere copiar.

2. Se hace un clic con el botón izquierdo para seleccionarlo.

3. Se pulsa el botón derecho del ratón para desplegar el menú contextual.

4. Se selecciona Copiar.

5. Nos colocamos en el lugar de destino.

6. Se pulsa el botón derecho del ratón para desplegar el menú contextual.

7. Se selecciona Pegar.

4.2. Mover

A diferencia de la opción copiar, ahora se traslada el fichero de una unidad (o carpeta) a otra, para ello:

1. Se coloca el puntero del ratón sobre el elemento que se quiere mover.

2. Se hace un clic con el botón izquierdo para seleccionarlo.

3. Se pulsa el botón derecho del ratón para desplegar el menú contextual.

4. Se selecciona Cortar.

5. Nos colocamos en el lugar de destino.

6. Se pulsa el botón derecho del ratón para desplegar el menú contextual.

7. Se selecciona Pegar.

4.3. Borrar

Si quieres eliminar un elemento tendrás que realizar los siguientes pasos:

1. Colocas el puntero del ratón sobre el elemento que quieres eliminar.

2. Haces un clic con el botón izquierdo para seleccionarlo.

3. Pulsas la tecla [Supr].

4. Aparece un mensaje de confirmación.

5. Pulsas sobre la opción **Sí**, y el elemento se moverá a la **Papelera de reciclaje**.

La Papelera de reciclaje es un lugar donde se almacenan los elementos que se han eliminado. Como se puede observar de la imagen, el icono puede tomar dos formas diferentes:

- Vacía. Cuando no hay nada en la papelera.

- Con papeles. Cuando la papelera no está vacía.

Si por un error hemos enviado a la papelera un elemento equivocado, podemos recuperarlo de la siguiente forma:

Figura 4.3. Papelera vacía y con papeles.

1. Abrimos la Papelera.

2. Colocamos el puntero del ratón sobre el elemento que se quiere recuperar.

3. Hacemos un clic con el botón izquierdo para seleccionarlo.

4. Pulsamos el botón derecho del ratón para desplegar el menú contextual.

5. Seleccionamos **Restaurar**.

El elemento restaurado desaparece de la Papelera y se coloca en el lugar desde el cual se eliminó.

ATENCIÓN: una vez eliminados los archivos o carpetas de la Papelera de reciclaje no es posible recuperarlos, ya que se hace un borrado definitivo de los mismos.

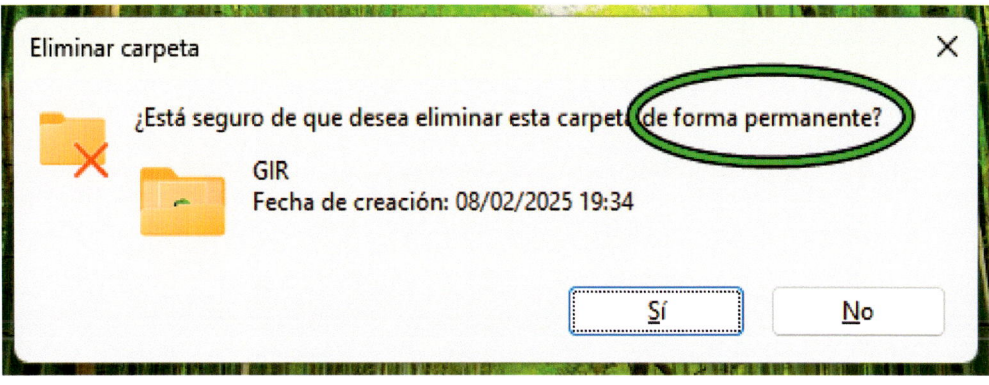

Figura 4.4. ¡¡Cuidado con los archivos borrados!!

Utilización de las funciones principales de un editor de texto

Los editores de texto representan una de las herramientas más utilizadas en el ámbito digital, pues permiten crear, modificar y dar formato a documentos de manera sencilla y eficiente. Su uso trasciende lo técnico: constituyen la base de la comunicación escrita en entornos académicos, profesionales y personales.

En apartados anteriores te hemos explicado cómo crear un fichero de texto y cómo darle formato al texto. Ahora aprenderás a utilizar otras funciones de Word 2024.

5.1. Párrafo

Con el formato de párrafo controlamos la presentación de los párrafos del documento. Un párrafo finaliza cuando introducimos una marca de *Fin de párrafo*, habitualmente pulsando la tecla *Entrar*. Con el formato de párrafo podemos controlar, entre otros elementos:

■ *Alineación del párrafo*. Un párrafo puede estar *alineado a la izquierda* (o «en bandera», como se dice comúnmente en la jerga del diseño gráfico), *centrado, alineado a la derecha* o *justificado*. En un párrafo justificado, todas las líneas están alineadas a la izquierda y a la derecha. El procesador de textos logra este efecto estirando y encogiendo en la medida necesaria los espacios entre las palabras.

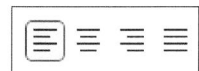

Figura 5.1.
Botones para
alinear el párrafo.

■ *Interlineado*. El interlineado es la separación vertical entre las líneas que componen un párrafo o, más precisamente, entre las *líneas base*. Suelen emplearse tres tipos de interlineado: simple, doble y de espacio y medio.

■ *Espaciado entre párrafos*. A los párrafos puede aplicárseles una separación algo mayor que la que hay entre las líneas que componen cada párrafo; ello facilita su lectura y permite visualizar rápidamente su comienzo y su final.

■ *Sangría*. La sangría es la distancia que existe entre los márgenes del papel y los extremos del párrafo. Se distinguen varios tipos de sangría:

— La *sangría de primera línea* es la separación entre el extremo izquierdo de la primera línea del párrafo y el margen.

— La *sangría francesa* es la separación de todas las líneas exceptuando la primera.

— La *sangría izquierda* es la separación izquierda de todas las líneas del párrafo.

— La *sangría derecha* es la separación derecha con todas las líneas del párrafo.

Alineación Centrada

CR1.1 Las instrucciones recibidas se interpretan de forma precisa, solicitando las aclaraciones necesarias hasta su correcta comprensión.

Alineación Justificada

Interlineado doble

CR1.2 Las plantillas disponibles de los documentos de información se seleccionan, en su caso,

entre las existentes en la organización, de acuerdo con el tipo de contenido, objetivo y ubicación

del mismo.

Alineación Izquierda

CR1.3 Los documentos internos y rutinarios, se confeccionan a través de aplicaciones informáticas o utilizando medios convencionales, siguiendo las instrucciones o modelos recibidos, y respetando las reglas de ortografía y gramática.

CR1.4 Los documentos elaborados se presentan al superior en el tiempo y la forma establecidos, de acuerdo con las normas y usos internos.

Espaciado 12 pto

Alineación Derecha

Figura 5.2. Alineaciones, Interlineados y Espaciados en Word 2024.

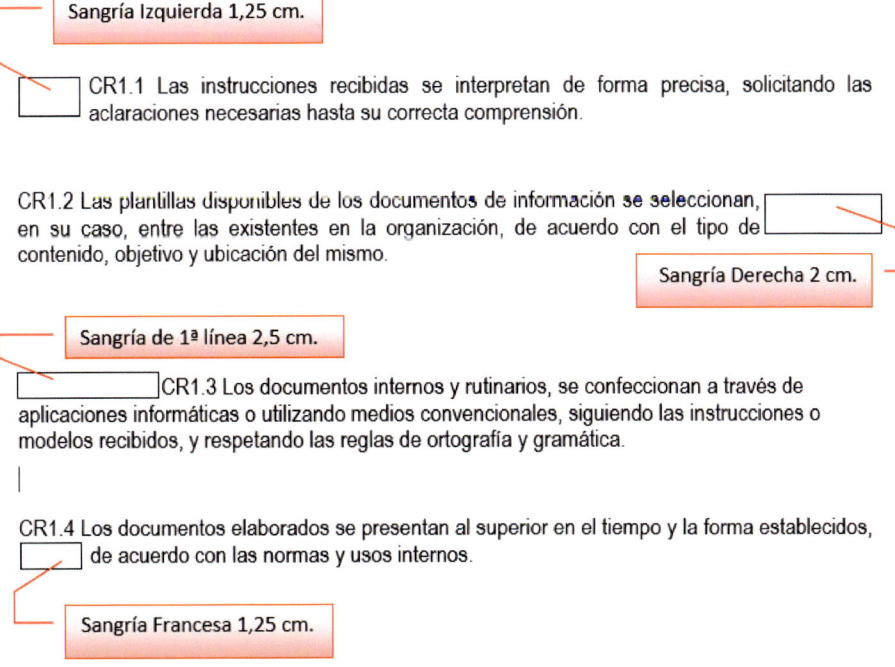

Sangría Izquierda 1,25 cm.

CR1.1 Las instrucciones recibidas se interpretan de forma precisa, solicitando las aclaraciones necesarias hasta su correcta comprensión.

CR1.2 Las plantillas disponibles de los documentos de información se seleccionan, en su caso, entre las existentes en la organización, de acuerdo con el tipo de contenido, objetivo y ubicación del mismo.

Sangría Derecha 2 cm.

Sangría de 1ª línea 2,5 cm.

CR1.3 Los documentos internos y rutinarios, se confeccionan a través de aplicaciones informáticas o utilizando medios convencionales, siguiendo las instrucciones o modelos recibidos, y respetando las reglas de ortografía y gramática.

CR1.4 Los documentos elaborados se presentan al superior en el tiempo y la forma establecidos, de acuerdo con las normas y usos internos.

Sangría Francesa 1,25 cm.

Figura 5.3. Sangrías en Word 2024.

En ocasiones, es posible que, a primera vista, no sepamos exactamente dónde termina un párrafo y comienza el siguiente. Las aplicaciones de procesamiento de textos suelen disponer de una función que permite mostrar los llamados *caracteres no imprimibles*; por ejemplo, las marcas de fin de párrafo (¶), los espacios en blanco (·) y otros.

En la ficha **Disposición** disponemos también de un grupo **Párrafo** con una serie de funciones para modificar los parámetros del formato de párrafo. Mediante estos controles especificaremos las sangrías izquierda y derecha del párrafo y el espaciado vertical entre unos párrafos y otros (el espacio *antes* del párrafo y el espacio *después* del mismo).

Figura 5.4. Grupo *Párrafo* en la ficha *Disposición*.

Con la flechita ubicada en la esquina inferior derecha del grupo de botones de Párrafo accedemos al cuadro de diálogo **Párrafo**, con el que podemos establecer de modo preciso todas las opciones antes mencionadas.

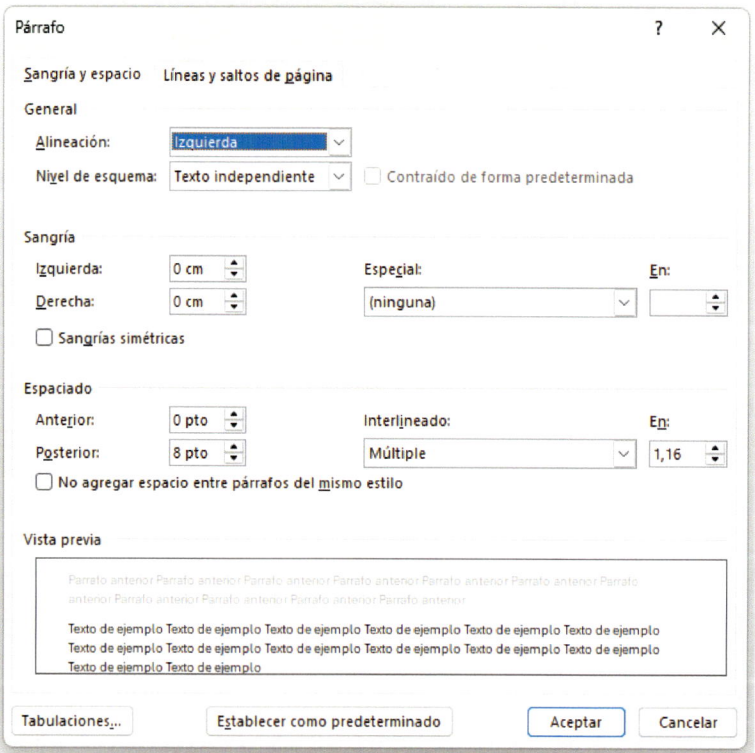

Figura 5.5. Cuadro de diálogo Párrafo en Word 2024.

5.2. Numeración y viñetas

Una lista es un conjunto de elementos cuyo formato proporciona visualmente la idea de una cierta estructura. Las listas pueden ser numeradas o no numeradas, según los elementos lleven algún símbolo que les asigne un orden (números arábigos o romanos, letras mayúsculas o minúsculas, etc.) o lleven un mismo elemento que se repita (un guion, un pequeño círculo o cuadrado, etc.). Cuando se crea una lista numerada, la aplicación asigna automáticamente un número a cada elemento; si insertamos algún nuevo elemento antes de otros ya creados, a todos los que vienen después se les incrementa en una unidad su número de orden.

También es posible encadenar o anidar unas listas dentro de otras, para construir así una lista con varios niveles.

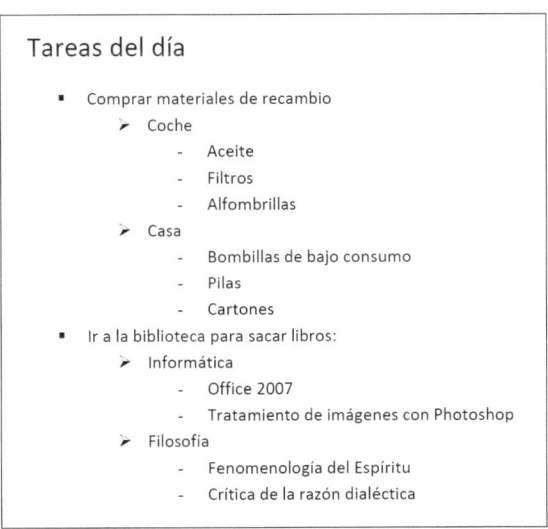

Figura 5.6. Ejemplo de lista multinivel.

Tres iconos del grupo **_Párrafo_**, dentro de la ficha **_Inicio_**, permiten crear listas no numeradas (también denominadas _viñetas_), listas numeradas (denominadas _numeración_) y listas de varios niveles. Cada uno de los iconos tiene a su derecha una flechita con la que podemos definir el formato de la lista (tipo de símbolos en las viñetas, tipo de numeración y características del esquema multinivel).

Cuando se establece una lista (numerada o no numerada), al cambiar de párrafo (pulsando la tecla _Entrar_) iniciamos un nuevo elemento de lista, que llevará el icono de viñeta o el número o letra que le corresponda. Cuando creamos un nuevo elemento de lista, podemos modificar su nivel de lista pulsando la tecla _Tab_; con ello haremos que ese elemento comience una lista anidada dentro de la anterior. Si queremos volver a introducir elementos de la lista de orden superior, pulsaremos _Mayús + Tab_.

En el caso de las numeraciones, en ocasiones es preciso reiniciar la numeración o comenzarla en un valor diferente al que le asigna la aplicación. Pulsando con el botón derecho del ratón sobre el número de la lista se despliega un menú como el de la Figura 5.7, con el que podemos efectuar estas y otras operaciones.

5.3. Configuración de página

El formato de página se puede aplicar a cada página o a la totalidad del documento, asignando valores a:

- **Tamaño del papel.** Al elegir el tamaño de la página en la se va a escribir el documento, los procesadores de texto suelen tener definido como tamaño el DIN **A4**, que tiene unas medidas de 21 cm de ancho por 27,9 cm de alto, aunque pueden ser seleccionados otros tamaños.

- **Márgenes.** Distancia que se deja en blanco entre el texto y los extremos de la página. Los más habituales son: superior, inferior, izquierdo y derecho.

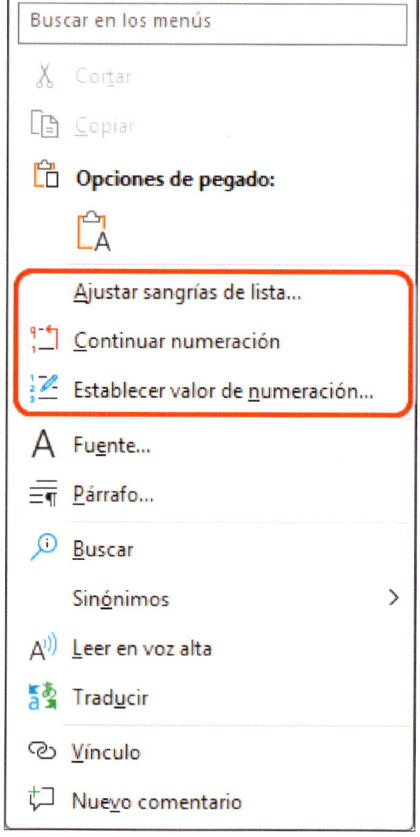

Figura 5.7. Opciones de numeración.

- **Orientación.** A través de esta opción seleccionamos si queremos escribir en vertical o en horizontal (apaisado).

Fíjate en la Figura 5.8, que es el que se utiliza para configurar las opciones de la página.

El acceso a este cuadro de diálogo se puede realizar de dos formas:

- Doble clic en la zona gris de la regla.

- Ficha *Disposición*, grupo *Configurar página* y pinchamos en el Iniciador de cuadros de diálogo ⌐ .

También podemos utilizar la regla para modificar los márgenes, colocándonos en la zona que delimita los márgenes del documento, hacemos clic con el botón izquierdo del ratón y nos desplazamos hacia la derecha o hacia la izquierda dependiendo de si lo queremos hacer más grande o más pequeño.

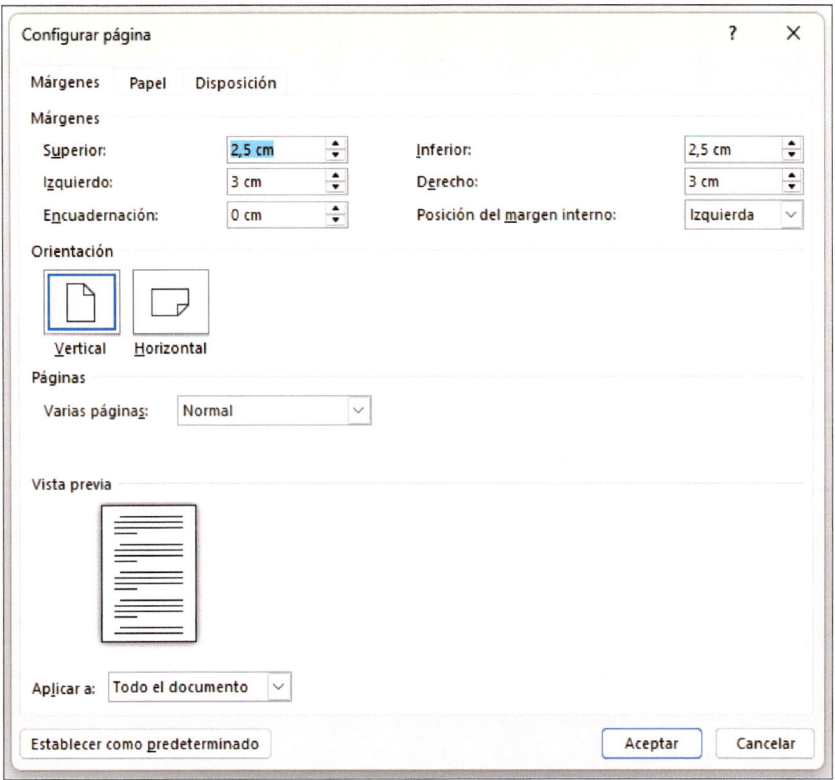

Figura 5.8. Configuración de página en Word 2024.

5.4. Revisión ortográfica y gramatical

La revisión ortográfica y gramatical es otra de las grandes aportaciones de los procesadores de textos.

Evitar que haya errores en nuestros textos es ahora mucho más fácil. No obstante, conviene saber que revisar un documento, y que Word no encuentre ningún error, no quiere decir que necesariamente sea así, ya que hay errores que Word no puede detectar puesto que dependen del contexto.

Por ejemplo, si escribimos «En la vaca del coche había muchas maletas« y «¡Vaya baca más grande!», Word no detectará ningún error puesto que tanto «baca» como «vaca» son palabras correctas que existen en el diccionario, aunque en el primer caso la palabra correcta es «baca» y en el segundo caso «vaca».

La revisión ortográfica consiste en comprobar que las palabras de nuestro texto no son erróneas, y la revisión gramatical trata de que las frases no contengan errores gramaticales como, por ejemplo «Las niñas son buenos»; donde no concuerdan el género del sujeto y del adjetivo.

Para realizar esta revisión pulsaremos sobre el icono, ubicado en la ficha **Revisar**, apareciendo en la zona derecha de Word un cuadro como el que se muestra en la Figura 5.9.

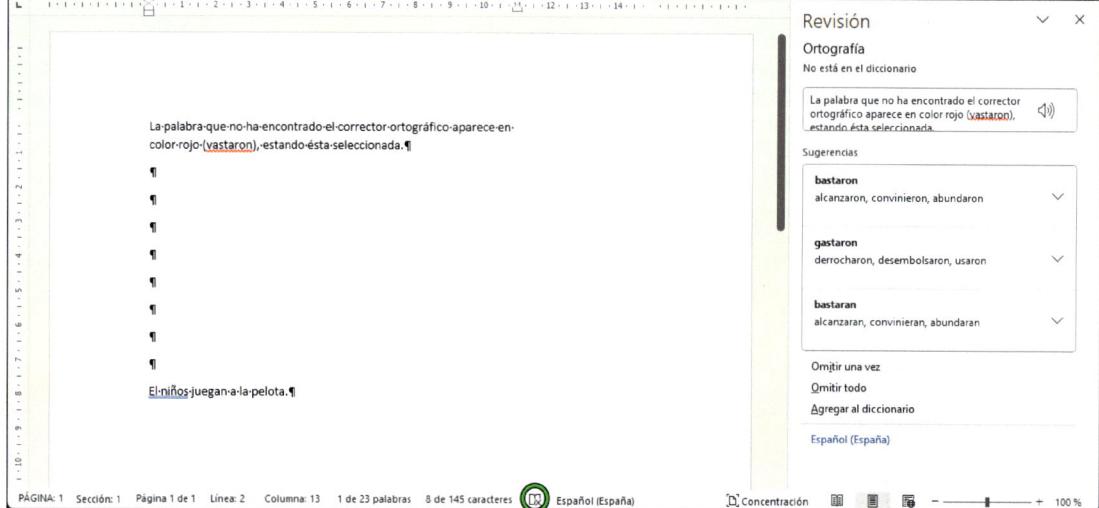

Figura 5.9. Revisión ortográfica en Word 2024.

Siguiendo esta figura, las opciones que se nos presentan son las siguientes:

- **No está en el diccionario:** aparece en color rojo la palabra no encontrada *(vastaron)*.

- **Sugerencias:** con las palabras más parecidas que ha encontrado Word en sus diccionarios.

- **Omitir una vez:** no realiza ninguna acción sobre la palabra no encontrada y continúa revisando el documento.

- **Omitir todo:** cada vez que vuelva a encontrar la misma palabra la pasará por alto sin realizar ninguna acción sobre ella. Continúa revisando el documento.

- **Agregar al diccionario:** añade la palabra no encontrada al diccionario personalizado.

- **Cambiar todo:** en *Sugerencias* dispones de las opciones que Word considera como alternativas. Si despliegas las opciones disponibles, aparece esta opción que cambia automáticamente todas las veces que aparezca la palabra no encontrada por la palabra seleccionada de la lista.

Por defecto, mientras escribimos un texto, Word está revisando la ortografía y la gramática, de tal forma que si encuentra un error ortográfico nos lo muestra con un subrayado

© Ediciones Paraninfo

ondulado de color rojo, y si lo que encuentra es un error gramatical, nos lo muestra con un subrayado ondulado de color azul.

En ocasiones no queremos esperar a escribir todo el documento para pasar el corrector ortográfico a todo el documento, sino que cuando visualizamos el subrayado rojo (error ortográfico) o el subrayado azul (error gramatical) deseamos realizar la corrección de la palabra.

Si pulsamos el botón derecho del ratón encima de la palabra, se desplegará el menú contextual que nos dará para elegir varias opciones para corregir el error, tal y como se puede ver en las siguientes imágenes.

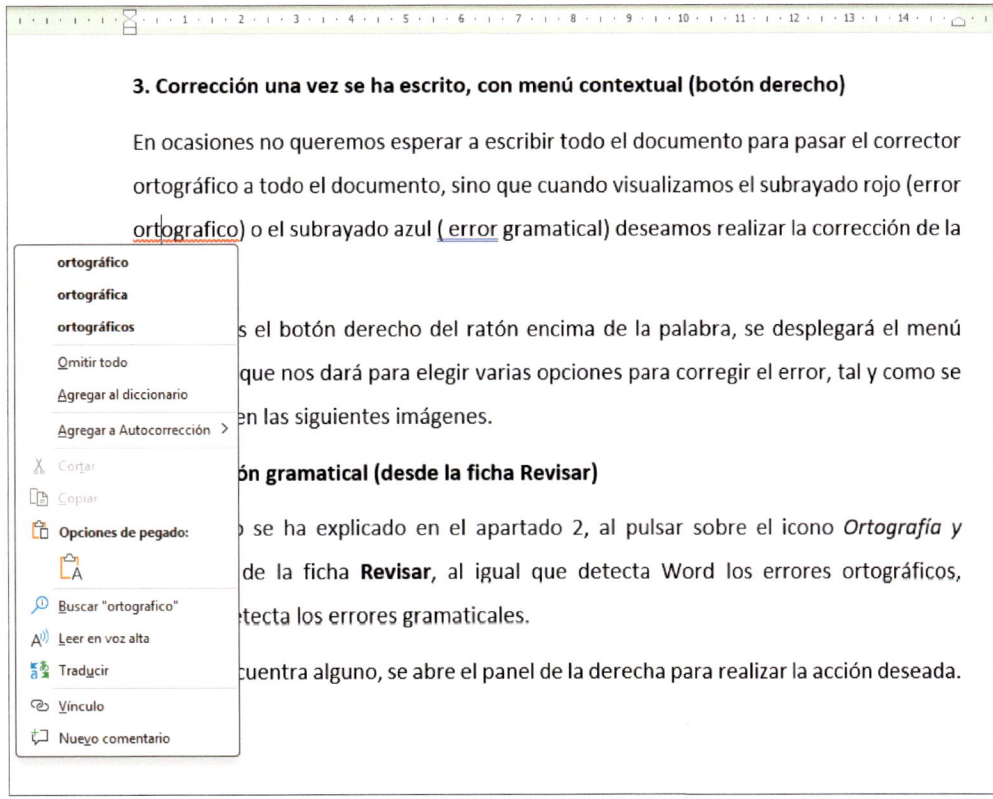

Figura 5.10. Corrección a través del menú contextual.

Tal y como se ha explicado anteriormente, al pulsar sobre el icono *Ortografía y gramática* de la ficha ***Revisar***, al igual que detecta Word los errores ortográficos, también detecta los errores gramaticales.

Cuando encuentra alguno, se abre el panel de la derecha para realizar la acción deseada.

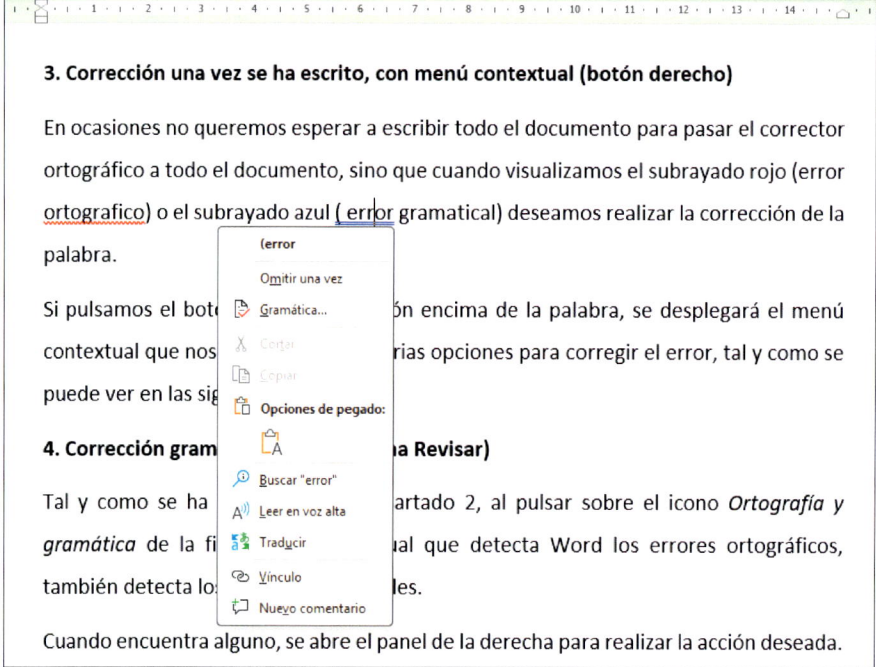

Figura 5.11. Detección de error gramatical.

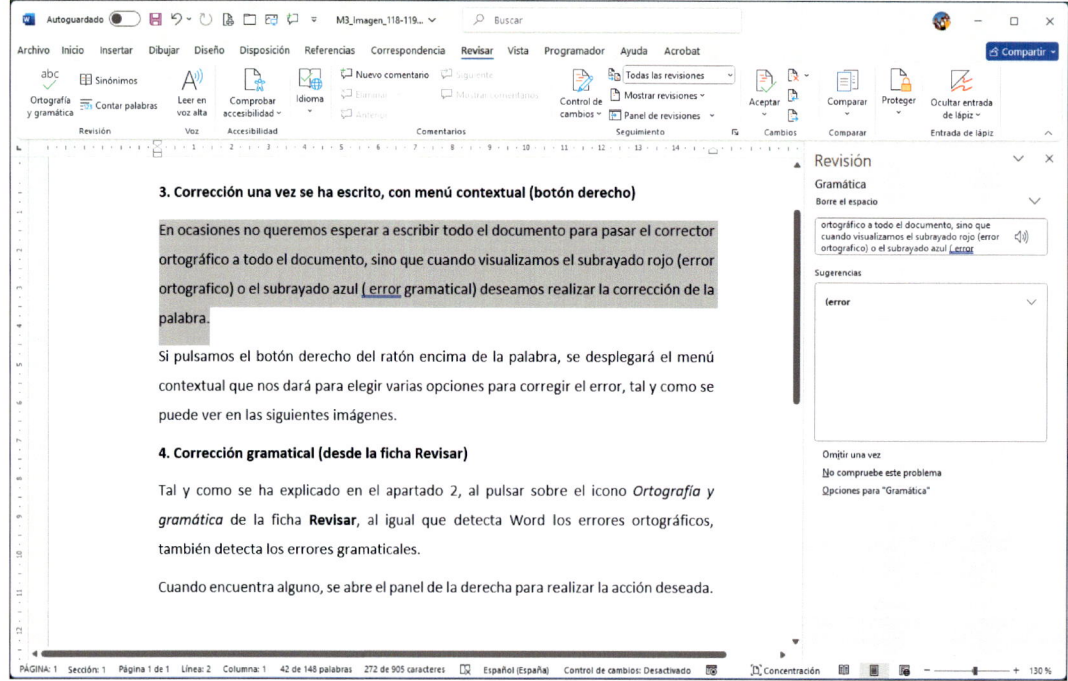

Figura 5.12. Revisión gramatical en Word 2024.

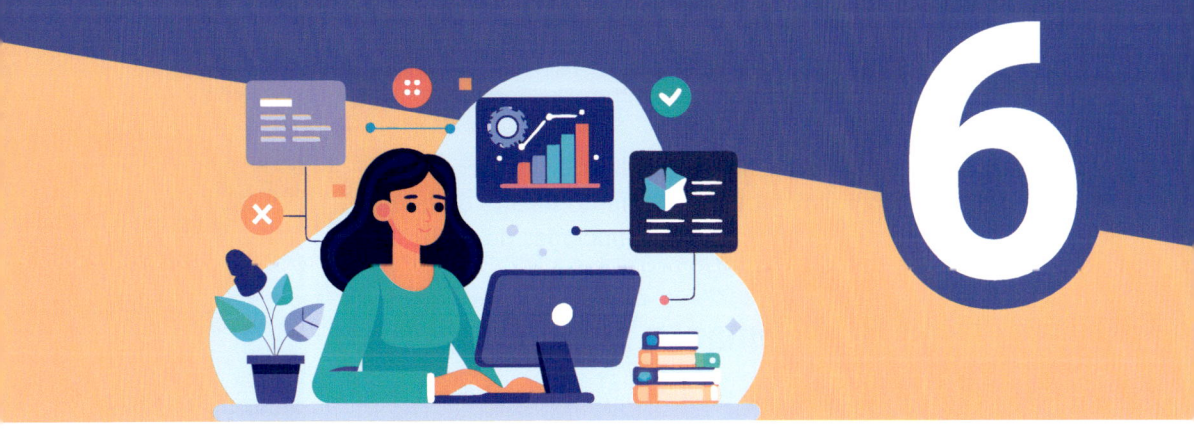

Utilización de las funciones principales de un editor de imagen

Los editores de imagen constituyen herramientas fundamentales en el entorno digital, ya que permiten transformar, mejorar y adaptar elementos visuales según distintas necesidades. Su utilización va más allá de la simple modificación estética: representan un medio para comunicar ideas, reforzar mensajes y dar identidad a proyectos personales o profesionales.

En apartados anteriores te hemos explicado cómo crear un fichero de imagen y realizar un tratamiento básico de la misma. Ahora aprenderás a utilizar otras funciones de GIMP.

6.1. Recortar una imagen

Con una imagen ya abierta en GIMP, haremos clic sobre el menú **Herramientas**, y seleccionaremos la opción **Herramientas de transformación>Recortar**. También podemos pinchar en la Herramienta de recorte que está disponible en la Caja de herramientas.

En este momento se nos abrirá la ventana de recorte. Si deseamos realizar un recorte de tamaño predeterminado, deberemos marcar la casilla **Fijo**; y si lo que queremos es recortar como queramos y no con un tamaño predeterminado, dejaremos la casilla sin marcar.

Ahora, haremos clic con el ratón sobre la parte de la imagen desde donde queramos empezar a recortar y arrastraremos el ratón hacia abajo, hasta donde queramos que finalice el corte. Esto creará un cuadro que nos muestra una previsualización de la foto recortada. Si nos gusta así, solo tendremos que pulsar la tecla *Entrar* para que se recorte de verdad la imagen.

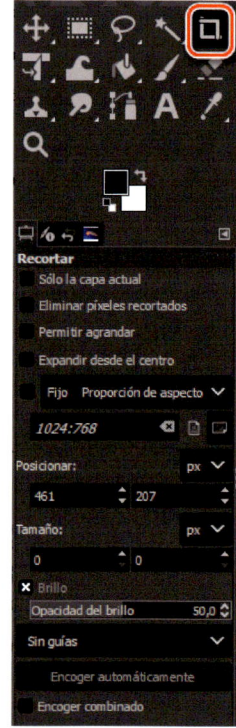

Figura 6.1. Herramienta de recorte.

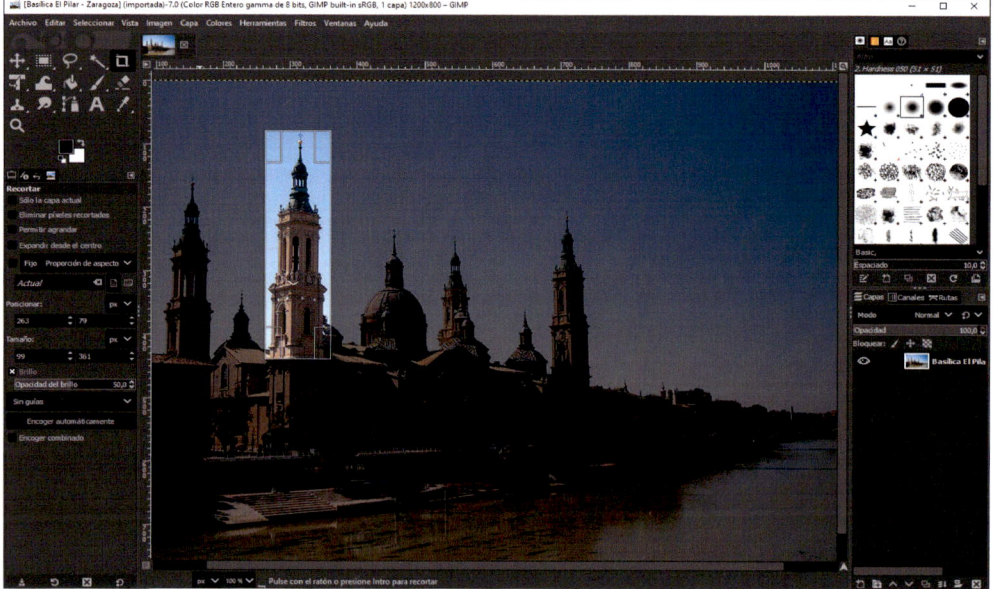

Figura 6.2. Selección de una parte de la imagen para recortarla.

6.2. Inserción de un texto en una imagen

Si lo que queremos es insertar texto en una imagen, debemos:

1. Pulsar sobre el icono **Herramienta de Texto** de la Caja de herramientas.

2. Hacer clic sobre la zona de la imagen en la que se va a incluir el texto.

3. Escribir el texto.

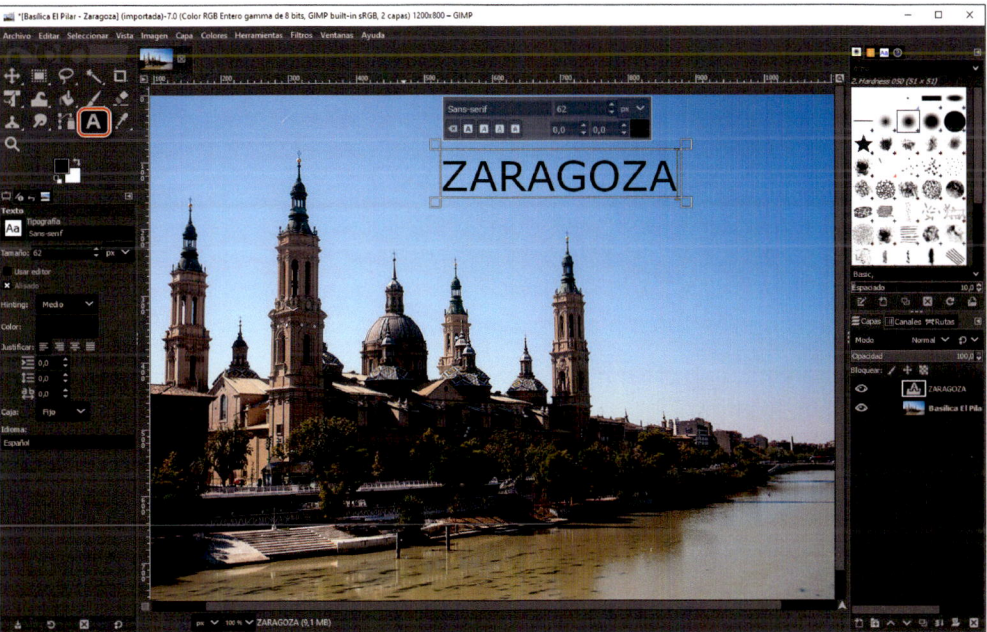

Figura 6.3. Insertando texto en una imagen.

Como se puede comprobar en la imagen anterior, aparece una barra de herramientas con las opciones básicas de texto (tipo de fuente, tamaño, atributos...) y, además, en la Caja de herramientas se disponen de distintas opciones para aplicar al texto.

6.3. Pixelar una imagen

A veces es preciso pixelar, o desenfocar, una imagen ya que, por ejemplo, no se disponen de los permisos necesarios para poder mostrarla. Para hacer esto primero debemos usar las herramientas de selección de GIMP, dibujando una selección alrededor de lo que queremos pixelar.

Hay varias herramientas para seleccionar una parte de la imagen, y todo dependerá de la forma de la misma. Habitualmente, lo más sencillo es utilizar la *Herramienta de selección libre* disponible en la Caja de herramientas.

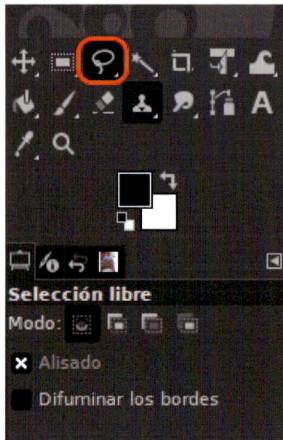

Figura 6.4. Selección de una parte de la imagen.

Para pixelar la selección tenemos que realizar los siguientes pasos:

1. Pulsar sobre el menú **Filtros**.

2. Seleccionar la opción **Difuminar>Pixelar**.

3. Vamos incrementando el valor de la opción *Block width* hasta que quede la imagen tal y como deseemos.

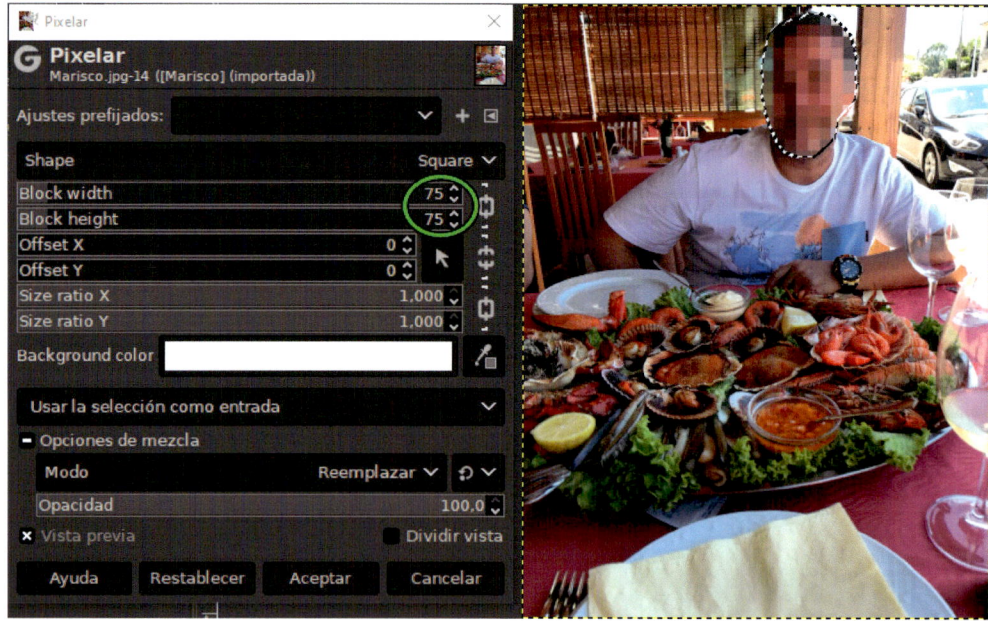

Figura 6.5. Pixelando una imagen.

4. Pulsamos el botón **Aceptar**.

7

Obtención de documentos con texto e imagen

La combinación de texto e imagen en un mismo documento constituye una de las formas más eficaces de comunicar ideas en el entorno digital. Al integrar ambos elementos, se logra enriquecer la información, facilitar la comprensión y captar mejor la atención del lector, convirtiéndose en una práctica habitual en ámbitos académicos, profesionales y personales.

Anteriormente te hemos explicado cómo integrar texto con imágenes con Word 2024, ya sean imágenes disponibles en una unidad de almacenamiento o imágenes en línea.

En este apartado te vamos a explicar las opciones de ajuste del texto con imágenes utilizando Microsoft Word.

Varios son los ajustes que se pueden aplicar a las imágenes en relación con el texto. Cuando se tiene una imagen seleccionada, en la ficha **Formato de imagen**, tenemos la opción *Ajustar texto*, a través de la cual se pueden aplicar diferentes ajustes, tal y como se muestra en la Figura 7.1.

Al seleccionar la opción *Más opciones de diseño...* se accede al cuadro de diálogo *Disposición* a través del cual se pueden establecer más opciones de ajuste del texto en relación con la imagen.

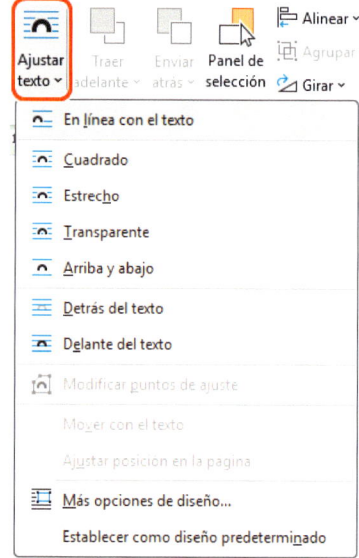

Figura 7.1. Ajuste de imágenes con el texto en Word 2024.

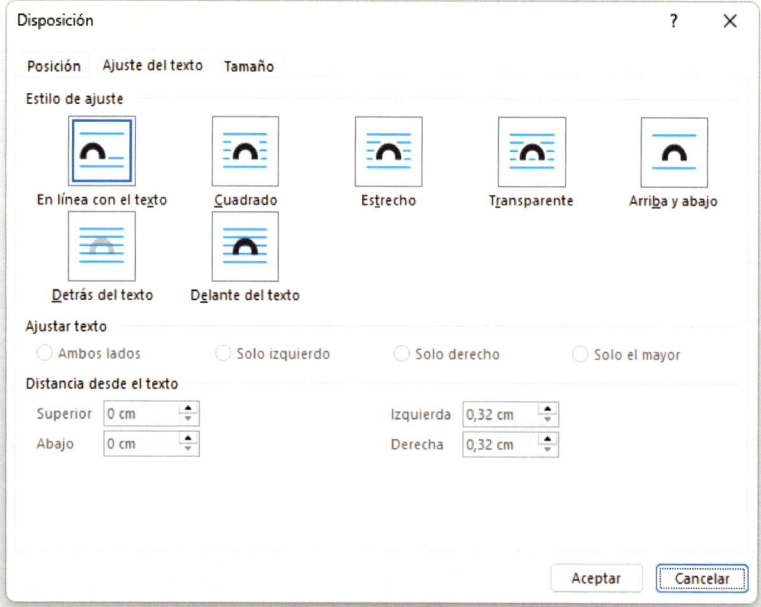

Figura 7.2. Más ajustes de imágenes en Word 2024.

Además, debes tener en cuenta que, al seleccionar algún ajuste, que no sea *En línea con el texto*, tienes disponible las opciones de la ficha **Posición**, a través de la cual podrás seleccionar un lugar concreto en el que ubicar la imagen.

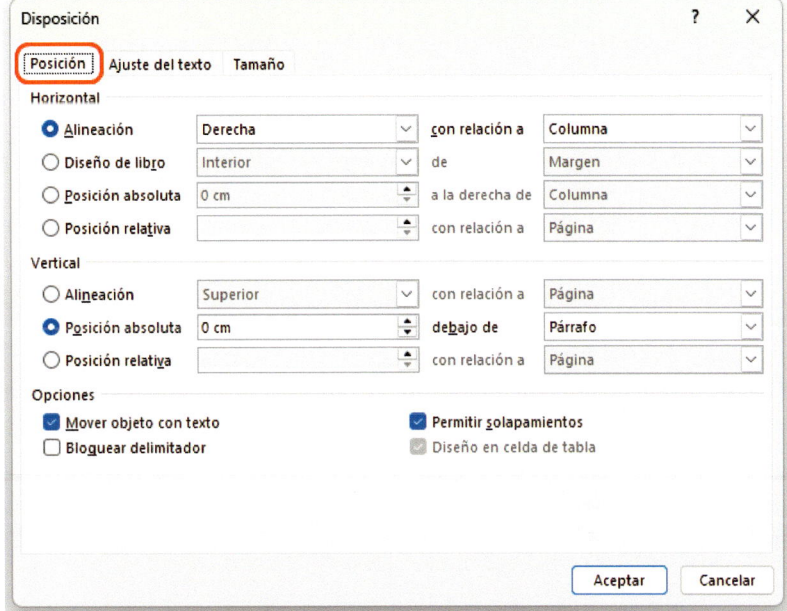

Figura 7.3. Posición de una imagen en un documento Word 2024.

Selección y configuración del dispositivo y los periféricos más usuales

La interacción con un ordenador no se limita únicamente al equipo principal; depende también de los periféricos que lo acompañan. Dispositivos como el teclado, el ratón, la impresora o los altavoces son elementos habituales que amplían las posibilidades de uso y facilitan la comunicación entre el usuario y la máquina.

8.1. Configuración de la impresora

Anteriormente te hemos explicado cómo imprimir documentos, pero para poder hacerlo es preciso que la impresora se encuentre añadida en el sistema.

Hemos de indicar que cada impresora tiene distintas opciones de configuración, por lo que los cuadros que aparezcan dependerán de la que tengamos instalada. La mayoría de ellas presenta un aspecto similar a los que se muestran en la Figura 8.1.

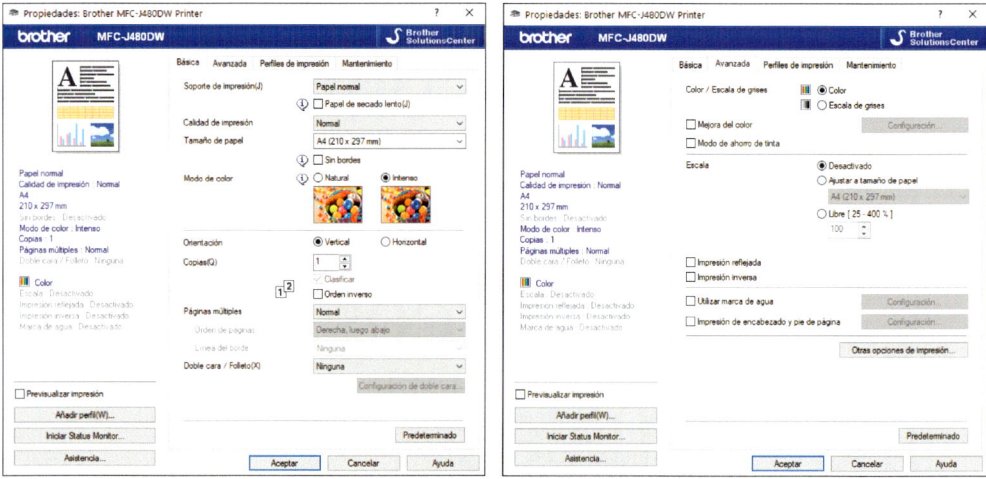

Figura 8.1. Configuración de la impresora.

8.2. Periféricos de los ordenadores

Los periféricos forman parte del *hardware* y son los dispositivos conectados al ordenador que hacen posible la realización de tareas y funciones (impresora, pantalla, ratón…).

La clasificación que podemos hacer de los mismos es:

- Dispositivos de entrada (ratones, teclados, tabletas digitalizadoras, escáneres y cámara web).

- Dispositivos de salida (monitores, impresoras y altavoces).

Dispositivos de entrada

Estos dispositivos permiten al usuario introducir datos, comandos y programas en el ordenador. Los más habituales son los siguientes:

- **Teclado.** Gracias a él nos comunicamos con el ordenador. Hoy en día existen varias formas de conectar el teclado a la placa base: por USB, a través de un conector PS/2 o bien de forma inalámbrica.

Figura 8.2. Conector PS/2.

Figura 8.3. Conector USB.

Figura 8.4. Conector inalámbrico.

- **Ratón**. Es un dispositivo cuya función principal es la de desplazarse por la pantalla y manejar con rapidez y comodidad los menús. Cuando se desliza el ratón sobre una superficie la posición queda reflejada en la pantalla mediante un símbolo llamado puntero, que frecuentemente tiene forma de flecha. Los tipos de conexión son los mismos que para el teclado.

- **Tableta digitalizadora.** Es un periférico que permite al usuario introducir gráficos o dibujos a mano, tal como lo haría con lápiz y papel. Consiste en una superficie plana sobre la que se puede dibujar una imagen utilizando un lapicero, que viene junto a ella. Hay que tener en cuenta que la imagen no aparece en la tableta, sino que se muestra en la pantalla del ordenador.

Figura 8.5. Modelo de tableta digitalizadora.

Las tabletas digitalizadoras actuales suelen conectarse al ordenador a través del puerto USB, aunque para mayor comodidad de uso sin cables, algunas transfieren los datos mediante *bluetooth* o wifi.

- **Escáner.** Es un periférico que sirve para captar imágenes y textos, para así poder alterarlos, mejorarlos o guardarlos como ficheros en nuestro ordenador. Los escáneres varían en resolución, definición y profundidad de color.

  La mayoría de los escáneres se conectan al ordenador a través del puerto USB.

- **Cámara web.** Es una pequeña cámara digital conectada al ordenador, la cual puede capturar imágenes y transmitirlas a través de internet. Es muy utilizada para realizar videoconferencias.

  La conexión con el ordenador se suele realizar a través del puerto USB, aunque también existen algunas con conexión wifi.

Dispositivos de salida

Estos dispositivos permiten al usuario ver los resultados de los cálculos o de los datos introducidos en el ordenador. Los más habituales son los siguientes:

■ **Monitor.** Es un periférico que sirve de comunicador entre el ordenador y nosotros, ya que nos muestra en imágenes lo que el ordenador quiere decirnos. El monitor se conecta a la tarjeta gráfica. Los monitores más habituales hoy en día son:

Figura 8.6. Monitor TFT led.   **Figura 8.7.** Monitor táctil.   **Figura 8.8.** Videoproyector.

Existen diversas conexiones para comunicar la tarjeta gráfica con el dispositivo: las salidas analógicas VGA, SVGA y S-Video y las digitales DVI y HDMI.

Figura 8.9. Tarjeta gráfica con tres tipos de conexiones.

■ **Impresora.** Este dispositivo muestra la información impresa. Los medios de conexión más habituales de la impresora con el ordenador son: conexión USB, conexión de RED, conexión wifi.

■ **Altavoz.** Son unos dispositivos que transforman las señales eléctricas que recibe del ordenador en ondas sonoras. Gracias a ellos podemos oír la información que sale del ordenador (música o voz).

Figura 8.10. Conector de audio de los altavoces.

Los altavoces se acoplan al ordenador a través de un puerto USB o a través de un conector de audio que está en contacto con la tarjeta de sonido.

En la Figura 8.11 puedes ver los conectores más habituales que tienen las placas base.

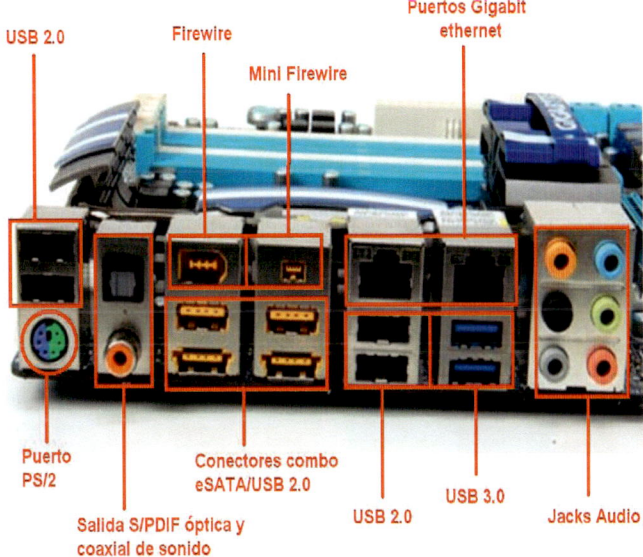

Figura 8.11. Conectores de una placa base.

9

Impresión de documentos

La impresión de documentos sigue siendo una de las funciones más relevantes en el uso cotidiano de los ordenadores, incluso en un entorno cada vez más digitalizado. Convertir un archivo electrónico en una copia física permite compartir información de manera tangible, conservar registros y facilitar procesos administrativos o académicos.

Comprender cómo se lleva a cabo la impresión implica conocer las opciones básicas que ofrece el sistema operativo y las aplicaciones ofimáticas: desde la selección de la impresora hasta la configuración de parámetros como el número de copias, la orientación de la página o la calidad del resultado. Estas decisiones influyen directamente en la presentación y utilidad del documento final.

En el Apartado 3.2 de este módulo te hemos explicado cuáles son las opciones disponibles en Word 2024 para imprimir los documentos realizados.

© Ediciones Paraninfo

ACTIVIDADES FINALES

ACTIVIDADES PRÁCTICAS

3.1. **A lo largo de este módulo has estudiado diversos tipos de sistemas operativos, aunque no has visto todos los que existen.**

Busca en internet más sistemas operativos y completa la siguiente tabla:

Sistema operativo	Últimas versiones	Desarrollador	Aspecto fundamental
Windows	▪ 8.1 ▪ ▪ ▪		
Linux	▪ Red Hat ▪ ▪ ▪		
MacOS	▪ ▪ ▪ ▪		
Solaris	▪ ▪ ▪ ▪		
	▪ ▪ ▪ ▪		
	▪ ▪ ▪ ▪		

A C T I V I D A D E S   F I N A L E S

CUESTIONARIO DE CONOCIMIENTOS

3.2. **En la figura siguiente.se muestra la ventana de Microsoft Word 2024. Tomando como referencia esta figura, responde a las preguntas 1 a 10 que se te plantean señalando la opción que consideres correcta.**

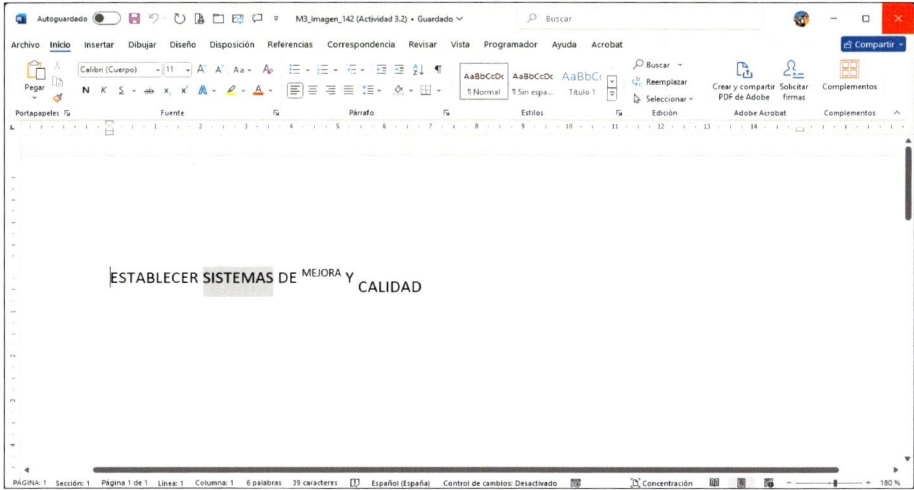

1. ¿Cómo se ha conseguido el efecto de la palabra «MEJORA»?

   a. Mediante la opción Posición del menú Fuente.

   b. Mediante un efecto de fuente.

   c. Estableciendo un espaciado.

   d. Configurando el interlineado.

2. ¿Qué opción se ha utilizado para la palabra «SISTEMAS»?

   a. Color de resaltado del texto.

   b. Color de fuente.

   c. Color de relleno.

   d. Trama.

3. ¿Qué opción de Párrafo se ha utilizado en el párrafo?

   a. Sangría izquierda.

   b. Sangría derecha.

   c. Espaciado.

   d. Todas las respuestas anteriores son incorrectas.

A C T I V I D A D E S   F I N A L E S

4. ¿Cuál es el margen superior establecido?

   a. 3 cm.

   b. 2 cm.

   c. 2,5 cm.

   d. 2,25 cm.

5. ¿Qué vista se observa en la imagen?

   a. Lectura de pantalla completa.

   b. Diseño web.

   c. Esquema.

   d. Todas las respuestas anteriores son incorrectas.

6. ¿En qué grupo de los que se muestran está ubicado el icono para poder cambiar el color del texto?

   a. Portapapeles.

   b. Párrafo.

   c. Estilo.

   d. Fuente.

7. ¿Qué nombre tiene el archivo?

   a. No se puede saber.

   b. Todavía no tiene nombre.

   c. Documento1.

   d. Todas las respuestas anteriores son incorrectas.

8. ¿Qué alineación de texto se puede observar?

   a. Izquierda.

   b. Derecha.

   c. Centrada.

   d. Justificada.

9. ¿A qué distancia del borde de la hoja se encuentra el párrafo?

   a. 2,5 cm.

   b. 3,3 cm.

   c. 3,5 cm.

   d. 4,0 cm.

ACTIVIDADES FINALES

10. ¿Qué tipo de fuente se ha utilizado para escribir?

    a. Arial.

    b. Times New Roman.

    c. Calibri.

    d. No se puede saber.

3.3. Contesta a las siguientes preguntas ayudándote de internet si es necesario.

1. ¿Qué quiere decir que un párrafo esté justificado?

    a. Que todas las líneas del párrafo tengan la misma separación entre sí.

    b. Que todas las líneas del párrafo estén alineadas a la izquierda.

    c. Que todas las líneas del párrafo estén alineadas en ambos márgenes.

    d. Todas las respuestas anteriores son correctas.

2. ¿Cómo seleccionamos un párrafo del documento?

    a. Haciendo triple clic con el ratón sobre él.

    b. Situándonos en su comienzo y pulsando la combinación *Ctrl* + *Mayús* + Flecha abajo.

    c. Situando el puntero del ratón al comienzo del párrafo y arrastrándolo hasta el final manteniendo el botón del ratón pulsado.

    d. Todas las respuestas anteriores son correctas.

3. Características como cursiva, negrita, subrayado, etc., se denominan:

    a. Tipos de letra.

    b. Variaciones de fuentes.

    c. Estilos de fuentes.

    d. Letra capital.

4. ¿Para qué se emplea el atajo *Ctrl* + V?

    a. Para cortar el texto seleccionado.

    b. Para mover un párrafo del documento.

    c. Para eliminar el texto que hemos escrito en los últimos minutos.

    d. Para pegar el último contenido que hayamos cortado o copiado.

A C T I V I D A D E S   F I N A L E S

5. Fíjate en la regla de la figura. ¿Qué ocurre si hacemos clic con el botón izquierdo del ratón sobre el centímetro 9 de la regla?

a. No ocurre nada.

b. Modificamos la sangría izquierda del párrafo.

c. Añadimos una tabulación centrada al párrafo.

d. Añadimos una tabulación izquierda al párrafo.

6. Siguiendo con la figura de la regla, ¿qué tipo de sangrías tiene aplicadas?

a. Sangría francesa.

b. Sangría derecha.

c. Sangría izquierda.

d. Todas las respuestas anteriores son correctas.

3.4. Escribe el siguiente texto:

«Al hacer clic en el icono Portapapeles de la pestaña de *Inicio*, se despliega un menú en la parte izquierda de la pantalla, en el que aparecen los archivos o elementos que contiene. Estos elementos han sido copiados o cortados durante la sesión y no desaparecen, sino que se pueden volver a utilizar en este u otro documento durante la misma sesión, sin ser necesario hacerlo de forma inmediata».

Establece las siguientes opciones de fuente:

- Fuente: Arial.
- Estilo: negrita.
- Tamaño: 12 puntos
- Color: verde claro.
- Efecto: versalitas.
- Espaciado: expandido 3 puntos.

3.5. Escribe el siguiente texto:

NUEVOS PLANES DE LA DGT CON EL CARNÉ POR PUNTOS

El Consejo de Ministros ha aprobado el proyecto de ley que recoge una serie de modificaciones para el carné por puntos. Ya aprobada en primera vuelta en noviembre, esta reforma de la Ley de Tráfico endurece la resta de puntos en ciertas infracciones, como el uso indebido del teléfono móvil o no utilizar el cinturón, y cambia algunos aspectos de este sistema (estrenado por la DGT en 2006).

ACTIVIDADES FINALES

Esta modificación encara así su recta final, pues ya ha sido enviada a las Cortes para su tramitación parlamentaria y aprobación definitiva. Repasamos cuáles son los cambios y cómo afectarán a los conductores.

Estas medidas se sumarán a otras reformas ya en vigor, como la normativa específica para patinetes eléctricos o la rebaja de la edad mínima para obtener el permiso de camión o autobús. Además, desde el 11 de mayo también se harán efectivos los nuevos límites de velocidad en ciudad.

Infracciones que pasan a restar más puntos:

■ Uso indebido del teléfono móvil, seis puntos. Actualmente supone la resta de tres puntos. Además en el texto se detalla que la detracción de estos puntos se aplicará por conducir sujetando con la mano dispositivos de telefonía móvil. No cambia la sanción económica que se mantendrá en 200 euros (infracción grave), pese a que las faltas que implican la resta de seis puntos están tipificadas como muy graves.

■ No usar el cinturón de seguridad, sistemas de retención infantil el casco u otros elementos de protección, cuatro puntos. A día de hoy estas infracciones están penadas con tres puntos. En el cambio se añade, asimismo, que hacer mal uso de los mismos también será sancionado con dicha detracción de puntos del carné. Todas son infracciones graves, que suponen 200 euros de multa, lo que se mantendrá.

Lleva a cabo las siguientes instrucciones para darle formato:

Configuración		
Superior: 1,5 cm	Izquierda: 1,5 cm	Encuadernación: 0 cm
Inferior: 1,5 cm	Derecha: 1,5 cm	Encabezado: 1,25 cm
Tamaño de papel: Ancho: 21 cm		Pie de página: 1,25 cm
Alto: 29,7 cm		Orientación: Vertical
Fuente Predeterminada: Times New Roman 10 ptos.		

Párrafo «Nuevos planes de la dgt con el carné por puntos»		
Sangrías:	Espaciados:	Fuente: Predeterminada 14 ptos.
■ Todas: 0 cm	■ Todos: 0 ptos.	Subrayado: Solo palabras
		En negrita
Alineación: Centrada	Interlineado: Sencillo	
Fuente «DGT»:	Fuente «PUNTOS»:	
■ Arial Black 36 ptos. en negrita	■ Comic Sans MS 16 ptos. en negrita y cursiva	
	■ Color: Verde, Énfasis 6	
	■ Efectos: Mayúsculas	

A C T I V I D A D E S   F I N A L E S

Párrafo «El Consejo de Ministros...»		
Sangrías: ■ Todos: 0 cm	Espaciados: ■ Anterior: 0 ptos. ■ Posterior: 6 ptos.	Fuente: Predeterminada 14 ptos.
Alineación: Justificada	Interlineado: Sencillo	
Fuente «Ley de Tráfico»: ■ Arial 20 ptos. en negrita ■ Color: Rojo ■ Espaciado expandido en 2 ptos.		Fuente «aprobado»: ■ Verdana 24 ptos. ■ Superíndice
Fuente «("y")» (paréntesis): ■ Arial Black 26 ptos. ■ Escala 200 % ■ Posición bajada en 4 ptos.		Fuente «teléfono móvil» ■ Predeterminada 12 ptos. en negrita

Párrafo «Esta modificación encara...»	
Espaciados: ■ Anterior: 14 ptos. ■ Posterior: 14 ptos.	Fuente: Arial 13 ptos.
Alineación: Justificada	Interlineado: Sencillo
Fuente «Cortes»: ■ Negrita ■ Subrayado onda ■ Doble tachado y mayúsculas	Fuente «parlamentaria», «definitiva», «cambios» y «conductores»: ■ Predeterminada 15 ptos. en negrita y cursiva ■ Color: Gris, énfasis 3 ■ Efecto versalitas
Fuente «.» (puntos): ■ Arial 13,5 ptos. en negrita ■ Escala 200 %	

Párrafo «Estas medidas se sumarán...»		
Espaciados: ■ Todos: 0 ptos.	Fuente: Arial 13,5 ptos.	Alineación: Izquierda
Fuente «patinetes»: ■ Predeterminada 20 ptos. en negrita ■ Espacio comprimido en 3 ptos. ■ Escala del 90 % ■ Posición elevada en 1 pto.		Fuente «11 de mayo»: ■ Predeterminada 20 ptos. en negrita ■ Color: Púrpura ■ Espaciado comprimido en 2 ptos. ■ Escala del 90 % ■ Posición elevada en 1 pto.

A C T I V I D A D E S   F I N A L E S

Párrafo «Estas medidas se sumarán...»	
Fuente «límites», «velocidad» y «ciudad»: • Predeterminada 15 ptos. en negrita • Color: Azul • Escala 100 % • Espaciado comprimido en 1 pto.	

Párrafo «Infracciones...»		
Espaciados: • Anterior: 15 ptos. • Posterior: 0 ptos.	Fuente: • Comic Sans 14 ptos. • Escala: 70 %	Alineación: Derecha
Fuente «I»: • Predeterminada en Negrita • Color: Rojo	Fuente «restar»: • Comic Sans 15 ptos. en negrita • Escala: 100 % • Efecto: Versalitas	
Fuente «:» (dos puntos): • Comic Sans 16 ptos. • Color: Verde claro • Efecto: Sombra Perspectiva superior izquierda		

Párrafo «Uso indebido...» y «No usar...»		
Espaciados: • Anterior: 14 ptos. • Posterior: 0 ptos.	Fuente: • Predeterminada 12 ptos.	Alineación: Justificada
Fuente «200 euros»: • Predeterminada en negrita • Color: Rojo	Fuente «infracciones graves»: • Escala: 200 % • Espacio expandido en 5 ptos. • Efecto: Iluminado 5 puntos; azul, color de énfasis 1	

A C T I V I D A D E S   F I N A L E S

3.6. **Realiza las siguientes actividades utilizando Microsoft Word.**

1. Copia el siguiente listado y aplica los distintos estilos de viñetas.

> ① Operaciones básicas en la edición.
> > ❖ Movimientos del punto de inserción.
> > ❖ Operaciones con el Portapapeles.
> > > ■ Cortar.
> > > ■ Copiar.
> > > ■ Pegar.
> > ❖ Modos de escritura.
> > > ♣ Inserción.
> > > ♣ Sobrescritura.
> ① Operaciones básicas de formato.
> > ◧ Fuentes.
> > ◧ Alineación de párrafo.
> > ◧ Interlineado, espaciado y líneas viudas-huérfanas.
> > ◧ Tabulaciones.
> > ◧ Viñetas, numeraciones y listas multinivel.
> > ◧ Bordes y sombreados.

2. Copia el siguiente listado y aplica los distintos estilos de numeración y lista multinivel.

> **A.** Operaciones básicas en la edición.
> > **1.** Movimientos del punto de inserción.
> > **2.** Operaciones con el Portapapeles.
> > > **2.1.** Cortar.
> > > **2.2.** Copiar.
> > > **2.3.** Pegar.
> > **3.** Modos de escritura.
> > > **3.1.** Inserción.
> > > **3.2.** Sobrescritura.
> **B.** Operaciones básicas de formato.
> > **1.** Fuentes.
> > **2.** Alineación de párrafos.
> > > **2.1.** Izquierda.
> > > **2.2.** Derecha.
> > > **2.3.** Centrada.
> > > **2.4.** Justificada.
> > **3.** Tabulaciones.
> > **4.** Viñetas, numeraciones y listas multinivel.
> > **5.** Bordes y sombreados.

A C T I V I D A D E S   F I N A L E S

3.7. Copia el siguiente texto:

La misión del control de calidad en el diseño es garantizar que se cumple lo estavlecido con relación a los nuevos productos en cuanto a los nibeles de calidad y coste.

Realmente, el desarrollo de las funciones combendrá efectuarlo de acuerdo con las necesidades, en cada caso, y está dentro del régimen interior de la organización de cada tipo de empresa; no es posible señalar aquí la forma de hacerlo.

La tecnologia a aplicar es muy dibersa y puede havarcar metodos de ingenieria y métodos estadisticos. En ambos casos, son las erramientas para actuar que no deben confundirse con la función que se pretende hacer. La sintesis de esta misión puede definirse en lo siguiente: «un nuebo diseño». Antes de lanzarlo a producción, debe ser estudiado y rebisado para establecer los sistemas de inspección más idoneos capaces de garantizar los niveles de calidad establecidos.

La segunda misión integrada en el control de la calidad es la que corresponde al control de las matrerias primas. Las empresas en general adquieren en el esterior materiales cuyo balor alcanza hasta un 40 a 60 % del valor del producto elavorado. Ahora bien, ante el comprador somos responsables del conjunto, no sólamente de la parte que corresponde al balor añadido, por tanto el exito o el fracaso de la calidad de los productos de una empresa hay que vuscarla muchas veces en la calidad de los suministradores.

Hace tiempo que todos los que trabajan en control de calidad (aunque de forma poco hunida), hinsisten en la imposivilidad de optener productos dentro de unas especificaciones si las primeras materias de que disponen, para elevorarlos, en principio, ya no las cumplen.

No se ha dado suficiente importancia a crear un política de mejora de calidad en la totalidad de la industria, programando el escalonamiento progresibo desde las primeras materias hasta los productos, cualquiera que sea su grado de complejidad. La organización para la calidad ha tenido muchas veces que berse sometida a la disyuntiba de suspender o retrasar la producción por incumplimiento de especificaciones de las primeras materias, con todos los tratornos economicos que a la empresa le crea, o dar entrada a productos que incorporados a la producción no permitan alcanzar el nibel de calidad deseado.

Pasa el corrector ortográfico y si hay alguna palabra que no entiendes, búscala en el diccionario.

ACTIVIDADES FINALES

3.8. Realiza lo que aparece en la siguiente imagen y busca el camino para que el cerdito pueda regresar a su casa.

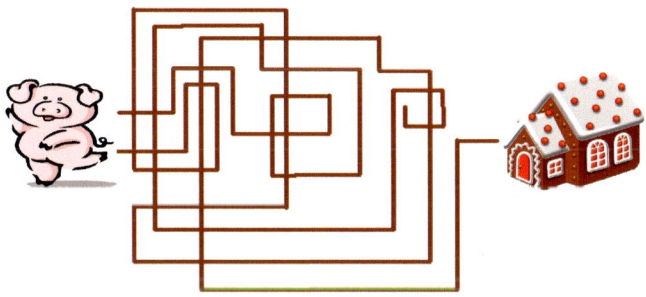

3.9. Busca las siguientes imágenes en internet y modifícales aplicando las distintas opciones que se han explicado, teniendo en cuenta que todas ellas deberán tener un título:

1. Imagen de tu ciudad.

2. Imagen de tu deporte preferido.

3. Imagen tuya con otras personas.

4. Imagen de una ciudad del extranjero a la que te gustaría viajar.

3.10. En esta actividad vas a compartir una carpeta con todos los usuarios de la red. Realiza lo siguiente:

1. Crea, dentro de «Documentos» una carpeta a la que llamarás **COMPARTIR**.

2. Pulsa el botón derecho del ratón encima de ella y selecciona la opción **Propiedades**.

3. En el cuadro de diálogo que aparece selecciona la pestaña **Uso compartido**.

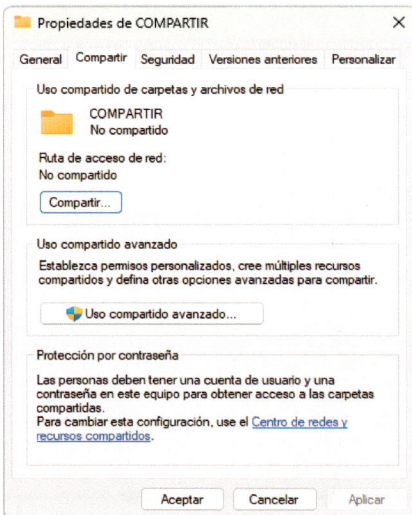

ACTIVIDADES FINALES

4. Haz clic en el botón **Compartir**.

5. Despliega el recuadro de la parte superior, selecciona la opción para que todos puedan ver la carpeta (**Todos**) y pulsa sobre el botón **Agregar**.

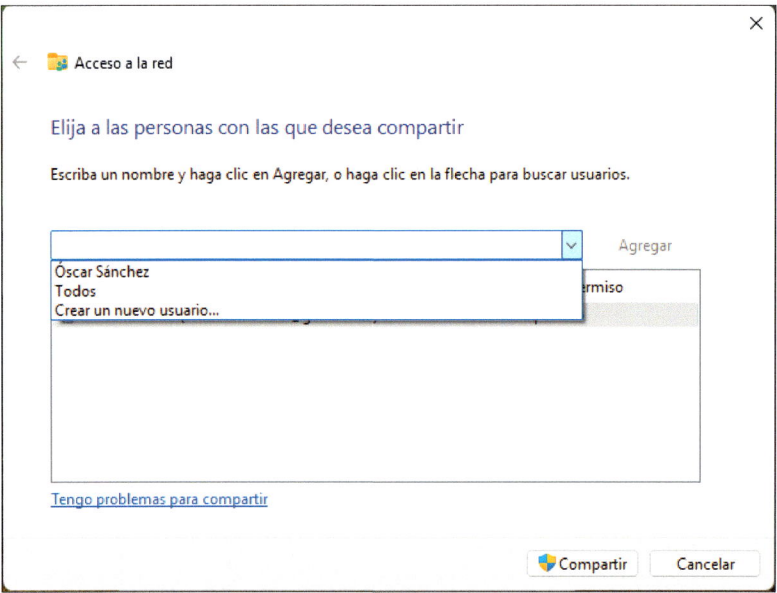

6. En el recuadro de la parte inferior podrás ver que ha aparecido el usuario Todos. Ahora le vas a dar permiso de **Lectura y escritura**.

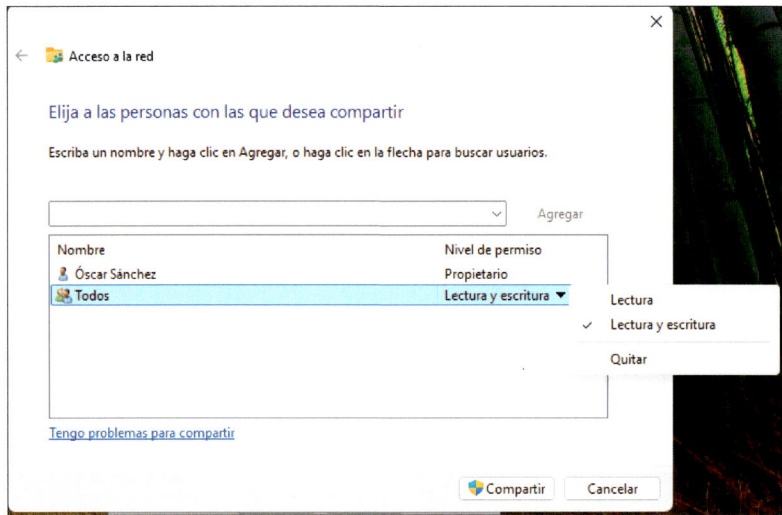

7. Para finalizar, pulsa sobre el botón **Compartir**.

ACTIVIDADES FINALES

3.11. **En esta actividad vas a trabajar creando usuarios y compartiendo recursos. Realiza las siguientes actividades:**

1. Crea un nuevo usuario que llamarás **Usuario Administrator**.

2. Crea una carpeta que se llame **Facturas** y compártela.

3. Dale permisos de **Lectura**.

4. Cierra la sesión en la que estás y accede de nuevo con el usuario que has creado.

5. Comprueba que tienes permiso de lectura a la carpeta Facturas.

3.12. **Vamos a trabajar con carpetas y archivos, para ello realiza los siguientes ejercicios en tu ordenador.**

1. Utilizando el botón derecho del ratón, y situado en el escritorio, crea una carpeta con tu nombre y apellido.

2. Abre la carpeta que acabas de crear y siguiendo el mismo sistema crea otras tres carpetas que llevaran por nombre:

   a. PROCESADOR DE TEXTOS

   b. HOJA DE CÁLCULO

   c. BASE DE DATOS

3. Cierra todas las carpetas que tienes abiertas.

4. Abre la carpeta que lleva tu nombre y en la opción **Ver,** pulsa sobre **Iconos grandes.** Observa como el tamaño de los objetos que tienes en la carpeta ha cambiado.

5. Ahora pulsa en la opción **Ordenar** y selecciona **Nombre** y **Descendente**. Observa como el orden de aparición de las carpetas ha cambiado.

3.13. **Vamos a practicar la creación de carpetas con el objetivo de aprender a organizar los documentos que vas generando. Para ello:**

■ Colócate en un lugar del escritorio que esté libre de carpetas e iconos.

■ Crea una carpeta utilizando, por ejemplo, el menú contextual.

■ Pon a la nueva carpeta el nombre de ACTIVIDAD 3.13.

■ Abre la carpeta que acabas de crear.

■ Dentro de esta carpeta crea, siguiendo el mismo sistema, otras dos carpetas que llevarán por nombre FACTURAS y RECIBOS.

■ Cierra todas las carpetas.

De esta forma, cuando necesites guardar documentos relativos a facturación los incluirás en la carpeta que hace referencia a Facturas, y lo mismo deberás hacer con la documentación de los Recibos. Así es como se organizan los archivos informáticos.

ACTIVIDADES FINALES

3.14. Trabajaremos ahora con las carpetas que has creado en la actividad anterior.

- Abre la carpeta que has creado (ACTIVIDAD 3.13).

- Crea otra carpeta llamada DEVOLUCIONES.

- Selecciona la carpeta facturas y cópiala en el escritorio.

- Ahora elimina la carpeta DEVOLUCIONES de la carpeta ACTIVIDAD 3.13.

- Mueve la carpeta FACTURAS al escritorio.

- Abre el Explorador de archivos.

- Selecciona ESCRITORIO.

- Comprueba a través de esta opción las carpetas que tienes en el escritorio.

3.15. Realiza las siguientes acciones relacionadas con la gestión de archivos y carpetas en Windows:

- Colócate dentro de la carpeta Documentos.

- Crea una estructura de carpetas como la que se muestra en la siguiente imagen:

- Copia cualquier archivo dentro de la carpeta Cobradas.

- Realiza un acceso directo de este archivo dentro de la carpeta Clientes.

- Copia otro archivo dentro de la carpeta Proveedores.

- Cambia el nombre de ese archivo.

- Realiza una copia del archivo dentro de la misma carpeta.

- Realiza un acceso directo de este último archivo dentro de la carpeta Facturas.